한국형에니어그램
용어사전

윤운성 외 공저

하위유형 (subtype)

본질 (essence)

예술가 (artist)

매혹 (fascination)

신성한 사고 (Holy Idea)

KEEC 한국에니어그램교육연구소
·Korean Enneagram Education Center·
www.kenneagram.com

한국형에니어그램 용어사전 발간에 즈음하여..

에니어그램(Enneagram)이 이제는 많은 사람들의 삶 속에 뿌리 내리고 익숙한 용어가 되고 있다. 에니어그램은 사람을 9가지 성격으로 분류하는 유형 지표로 인간이해를 위한 도구로 활용되고 있다. 오늘날 에니어그램의 지혜는 심리학은 물론 경영, 인사조직, 사회복지 등 다학문성을 띄고 학문적 통합을 이루고 있다. 많은 선대의 현자들이 에니어그램의 지혜를 발견한 이래 국내에서도 20여년 동안 많은 분야에 적용되고 있다. 2001년에 표준화한 한국형에니어그램 성격유형검사(KEPTI)가 개발되고, 한국형에니어그램 5단계 프로그램이 국내에 뿌리를 내리기 시작했다. 현재까지 한국에니어그램교육연구소를 통해 공식적으로는 100,000명 이상이 교육을 받고, 에니어그램의 지혜를 통하여 개인적 성장은 물론 가족과 사회변화의 도구로 활용되고 있는 시점이다. 또한 한국에니어그램학회를 통하여 10여년간 '에니어그램 연구'라는 학술지가 발간되고 있다.

오래 전부터 에니어그램을 수강한 교육생들과 에니어그램을 배우고 싶은 사람들에 의해 용어사전 발간의 필요성이 제기되어 왔으나 이제서야 부족하나마 출간의 기쁨을 맞이하고 있다. 한국형에니어그램 용어사전은 한국형에니어그램의 단계별 교재를 이해하기 위해서 교재에 나와 있는 용어를 정리하는 목적으로 출발하였다. 따라서 단계별 교재에서 중요시되는 키워드를 추출하고, 관련된 내용에 부합하는 전문적 지식을 가지고 있는 전문강사들을 초빙하여 에니어그램의 관점에서 기술하도록 의뢰하였다. 여러 학자들이 집필에 동의하고 작업에 착수하였으나 집필자들의 바쁜 일정으로 계획이 수정되고 지연되었다.

에니어그램 용어사전을 발간하면서 더욱 에니어그램의 본질적 지혜가 삶과 학문에 접목되어 성장하길 기원한다. 앞으로 수록되지 않은 용어들은 삽입하여 알찬 용어사전이 되도록 노력할 것이다. 특별히 바쁜 일정 중에도 쾌히 집필에 참여한 한국에니어그램학회 이사님들과 전문강사님들께 감사를 드린다. 국내에서 건강한 사회를 위해 에니어그램의 용어사전이 도움이 되길 기대하면서 에니어그램을 사랑하는 모든 이들과 함께 기쁨을 나누고 싶다.

2014년 04월

한국에니어그램교육연구소 & 한국에니어그램학회

일동 대표 윤운성 교수

차 례

1차 유형 (primary types)

정삼각형 위에 있는 3, 6, 9번 유형은 감정, 사고, 본능의 핵심유형이다. 어떤 면에서든 힘의 중심과 가장 많은 문제와 장애를 가지고 있기 때문에 일차적 성격유형이라고 한다.

2차 유형 (secondary types)

헥사드 위에 있는 1, 4, 2, 8, 5, 7번 여섯 가지 유형은 감정, 사고, 본능의 중심유형과 접촉하지 않는 유형이다. 1차 유형의 변형으로 이루어져 이차적 성격유형이라고 한다.

3차 중심 (third center)

각각의 유형은 사고, 감정, 본능을 갖고 있다. 모든 유형의 1수준에 있는 건강한 사람은 TFM(Thinking, Feeling, Moving: 사고, 감정, 행동)의 균형을 이루는 온전한 사람이다. 3개의 중심이 불균형을 이루게 되면 3개의 중심이 왜곡되어 불균형을 이루게 된다. 4, 5, 6 수준에서 균형이 깨지면서 주기능, 부기능, 열등기능인 3차 중심으로 나타난다. 이때에 "깨어나는 신호"에 귀 기울여야 한다. 억압되어져 있는 3차 기능, 열등 기능을 먼저 생각해 보고, 지름길로 가는 깨달음이 있어야 한다. 불건강을 이루게 될 때 3차 중심이 문제가 있게 된다. 3차 중심은 사용되지 않은 심리영역이다. 3차 영역은 거의 탐험되지 않고 개발되지 않은 부분이다. 그 때에 3개의 중심이 왜곡되어 중재가 필요하고 안정된 중심을 위해 치료가 요구된다. Hurley와 Donson(2003)은 억압된 중심이라는 3차 중심에 대한 개발 중요성을 강조했다. 3차 중심에 대한 이해는 성장과 치료에 매우 중요하다고 보았다. 각각의 유형은 세 가지의 힘의 중심으로 이루어져있고, 이러한 세 가지 중심의 에너지의 강도가 다르기 때문에 힘의 불균형이 일어난다. 즉 1번 유형은 1차 중심이 본능이고 2차 중심이 가슴이고, 3차 중심이 머리가 된다.

가면 (mask)

철학용어로는 이성적인 본성(本性)을 가진 개별적 존재자를 가리키며, 페르소나로 불린다. 즉, 이성과 의지를 가지고 자유로이 책임을 지며 행동하는 주체를 말하며, 개인의 성격과 동의어로 사용되기도 하며 에니어그램 성격유형의 9가지의 모습으로 집착되어 살아가는 상태를 말한다.

가변성 (changeability)

일정한 조건에서 변할 수 있는 성질이다.

가족/친구 (family)

7번 유형의 자기보존 하위유형을 뜻하는 말이다. 7번 유형의 자기보존 하위유형은 자신이 고통과 박탈의 상황은 죽음의 상태이다. 따라서 자기가 즐겁고 재미있는 상황이 되어야한다. 때문에 자기가 즐겁고 재미있는 생활이 되기 위해서는 즐거움을 주는 대상인 가족 또는 친구와 함께 하려는 상태를 의미한다.

가지론 (knowability)

사물의 본질이나 궁극적 실재의 참모습은 사람의 경험

으로 인식할 수 있다는 이론이다.

가학적 성격장애 (sadistic personality disorder)

타인을 공개적으로 멸시하고 잔인하고 공격적인 특성을 보이는 행동양상을 보인다. 가학성을 드러내는 사람들은 주로 가족이나 직장의 부하일 수 있는데, 자기보다 지위나 권위가 높은 사람에게는 잘 드러내지 않는다. DSM-Ⅳ에는 공식적인 진단명으로 들어가 있지 않다. 이 장애의 특징은 성적 욕구충족이나 다른 물질적 획득이 목적이 아니라 타인에 고통을 가하는 것 자체가 목적이다. 타인에 대한 모욕주기를 즐기며 어린이를 학대하고, 폭력, 전쟁, 무기, 고문 등에 심취해 있다.

간결 (parsimony)

과학을 실천함에 있어서 간단하면서도 중요한 내용을 누락시킴이 없이 명료하게 전달하는 것이다.

감정 (feeling)

직면한 사건에 대하여 그때의 순간적 느낌을 말한다. 감정은 인간이 자아이미지를 형성하는 과정에서 긍정적 부정적 영향을 미치는 매우 중요한 원천이다.

가슴중심(감정중추) (feeling center)

에니어그램에서 제시하는 삼원소 중의 하나로 이들의 무게 중심은 심장과 순환계로 감정과 정서를 가장 중요시한다. 느낌을 통해 삶을 파악하고 직관과 주관적이다. 많은 사람들 앞에서 떨림을 느끼고 일처리에 있어서 인간위주의 관계 중심적이다. 다른 사람에 비친 자기 이미지에 관심을 쏟고 관심의 초점이 다른 사람들에게 있다. 칭찬을 들을 때 힘이 생긴다. 2번, 3번, 4번 유형은 자아이미지에 관심을 갖는 감정중심 유형이며 이들은 자신에 대한 이야기와 가장된 특성들이 자신의 실제 정체성이라고 믿는다. 이들은 자아를 방어하는 행동의 밑바탕에 수치심을 정서로 가지고 있다.

강박관념 (obsession)

고정된 관념이나 의식의 몰두로 인해 사소한 생각이지만 뇌리에서 떠나지 않아, 그것을 떨쳐버리려고 하면 할수록 강하게 일어나 자기로서는 어쩔 수 없는 상태로 반복적이고 지속적인 사고, 충동, 또는 심상을 말한다.

강박성 성격장애 (obsessive-compulsive personality disorder)

지나치게 완벽 주의적이고 세부적인 사항에 집착하며 과도한 성취지향성과 인색함을 특징적으로 나타내는 성격장애를 말한다. 강박성 성격장애는 정리정돈, 완벽주의, 마음의 통제와 대인관계의 통제에 집착하는 행동특성이 생활전반에 나타난다. 성인기 초기에 시작되며 다음 특성 중 4개를 충족시키면 진단을 내린다. : 사소한 세부사항에 집착, 완벽주의, 지나치게 일과 생산성에만 몰두, 지나치게 양심적이며 고지식하고 융통성이 없음, 물건을 버리지 못함, 타인에게 일을 맡기지 못함, 인색, 경직성과 완고. 이런 특성으로 인해 융통성, 개방성, 효율성을 상실하는 대가를 치르게 된다(DSM-IV, 1994).

강박충동 (delusion and compulsion)

발달수준 8수준에 해당하는 것으로, 사고, 지각, 감정, 행동 모두 심각하게 왜곡되고 자유스럽지 못한 신경증적인 상태이다. 불안이 증가하면서 매우 심각한 정신내적 갈등이 나타나는 수준이다. 이 수준에 놓여있는 개인은 현실과의 접촉을 상실하기 시작하게 된다. 행동이 충동적이다(Riso, 1996).

강박행동 (compulsion)

각 성격을 특징짓는 강박행동은 내가 아닌 것을 나라고 생각하는 집착의 상태에 의해 각 유형마다 자아와 세상과의 모순에서 자신의 것이라고 생각하는 부분을 추진하게 하는 원동력이 되는 것으로 우리 내면에 감추어진 부정적인 측면으로서의 추진력을 말하며, 각 유형들이 본질적 내면과의 만남을 회피하게 한다. 에너지를 전달하는 방식에서 특유의 일반적인 특성을 이루며 일종의 ' 숨겨진 죄'로서 기본적인 방어 전략이다.

강함/아름다움 (strength/beauty)

6번 유형의 성적 하위유형을 뜻하는 말이다. 6번 유형의 성적하위유형은 안정된 상태에 있지 않으면 죽음의 상태이다. 따라서 안정된 상황을 만들어 주는 대상이 있어야 한다. 때문에 안정의 상태를 만드는 대상과 불안정한 상태를 만드는 대상에 따라 온유하고 아름다운 모습과 강한 모습을 보이는 것을 의미한다.

개인적 존재 (personal presence)

에니어그램에서는 인간이 영적성장을 위해 나아가는 단

계를 아홉 단계로 보고 있다. 이 중에서 여덟 번째 층에서 경험하는 것이 개인적 존재로서의 경험이다. 개인적 존재란 우리가 자신의 본질 자체를 완전히 구현 하는 것을 말한다. 일부 영적 전통들은 "나 있음(I AM)"의 상태라고 하며 수피즘에서는 신성한 개인적 표현으로 보며, 본질적 자아라고 부른다. 기독교에서는 이 층은 지복지관(Beatific vision: 천사나 성도가 천국에서 천주를 보는 일)을 이루는 시작으로 여긴다. 여기서 개인적 자아는 신성의 실현을 경험하는 것이다.

개혁가 (reformer)

1번 유형의 이해를 돕는 명칭이며 원칙적이고 이상주의적인 유형이다. 성격적 특성은 옳고 그름이 분명하며 양심적이고 윤리적이다. 주로 교사, 개혁 운동가이며 변화를 추구한다. 늘 일을 향상시키려고 노력하지만 실수를 저지르는 것을 두려워한다. 정리정돈을 잘하며 까다롭고 높은 기준을 갖고 있다. 건강하지 못하면, 비판적이고 지나친 완벽주의가 될 수 있다. 일반적으로 분노와 조바심을 잘 억제하지 못한다.

객관성 (objectivity)

주관으로부터 독립하여 존재하는 대상 자체에 속하여 있는 성질. 주관에 좌우되지 않고 언제 누가 보아도 그러하다고 인정되는 성질이다.

거부 (rejection)

거부는 거부당할 것이라는 생각과 감정에 대응하기 위해 여러 가지 방법으로 자신을 보호하려고 자신의 진정한 욕구와 약함을 억누르고 남들에게 서비스나 자원을 제공하려 한다. 즉, 무의식적으로 작고 연약하고 상처받기 쉬운 존재이기 때문에 오히려 더 힘 있고 가학적이며 거부할 권한으로 그려진다. 거부에 근거한 집단에는 8번 유형, 2번 유형, 5번 유형이 포함되어 있다.

거짓 자기 (false self)

에니어그램의 관점에서 보면, '참자기(True Self)'에 대조되는 개념으로 각 유형의 기본적 두려움과 욕망에 의해 출현되는 각각의 태도와 행동은 본래의 참자기로부터 멀어진 성격적 특성을 가지고 있다. 본래의 본질적 자기(essential self)를 자각하지 못하고 현실을 왜곡함으로써 나타난다.

걱정/근심 (anxiety)

1번 유형의 자기보존 하위유형을 뜻하는 말이다. 1번 유형의 자기보존 하위유형은 자기가 사악하고 부도덕하고 결함이 있는 상태면 죽음의 상태가 된다. 따라서 자신이 더욱 선하고 도덕적이고 완벽한 상태여야만 한다. 때문에 자신의 내면 상태는 걱정과 근심으로 가득 차 있는 상태를 의미한다.

검사도구 (testing instrument)

모든 피검사자들에게 비슷한 조건에서 정해진 시간 동안 일련의 문제들을 실시하여 수치를 부여하거나 분류함으로써 그 행동이나 속성을 나타내기 위한 과정 및 이러한 목적에서 만들어진 도구를 통칭하는 용어이다.

겁 (cowardice)

6번 유형의 악덕으로 자립에 태만하며 자신들을 보호해 줄 권위적인 인물을 찾아 의지한다. 그들이 겁이 많은 이유는 자기자신과 세상을 신뢰하며 살아가는 독립심을 발달시키지 못했기 때문이다.

게으름 (sloth, lazy)

9번 유형의 악덕으로 나태하고 무력하며 그들을 둘러싼 세상에 적절히 대응하는 것에 느리다. 이들은 외부세계, 현실과의 갈등을 피하려하기 때문에 타인이나 스스로와 접촉할 에너지를 쏟아 붓지 않는다.

결정론 (determinism)

인간의 행위를 포함하여 이 세상에서 일어나는 모든 일은 그것이 정해진 때와 장소에서 일어나도록 미리 정해졌다는 태도, 종교적 계시에서 구하는 것을 19세기 고전물리학의 전성시대에는 이 물리학이 결정론적인 세계상(世界像)을 제시하고 있었기 때문에 '과학적 결정론'의 올바름이 증명되었다고 생각하였다. 20세기에 들어와 양자역학이 나오면서 강력한 의미에서의 결정론은 반드시 모든 국면에 일치하는 것이라고 생각하지 않게 되어, 일이 일어나는 확률만이 결정되어 있다고 하는 '확률론적 결정론'이 유력해졌다. 특수한 문제로서는 인간의 행동에 결정론적인 해석 이론적 강력한 것에 대한 확률론이 아닌가는 예전부터 대두된 문제였으나, 컴퓨터 모델에 의한 심리학의 발전은 적어도 어떤 면에서는 결정론적 해석이 유용할 수 있다는 것을 보여준 셈이다. 중요한 것은 결정론이 절대적으로 올바른 가 그렇지 않은가의 문제가 아니라, 그것이 어떤 국면에서 어느 정도 유효한가의 문제일 것이다.

겸손 (humility)

2번 유형의 미덕으로 사심이 없고 이기적이지 않은 선행을 하며 보답을 바라는 마음이나 이기심 없이 타인의 이익을 위해 그들을 돕는다.

경계성 성격장애 (borderline personality disorder)

강렬한 애정과 분노가 교차하는 불안정한 대인관계를 특징적으로 나타내는 성격장애를 말한다. 대인관계, 자아상 및 정서의 불안과 더불어 심한 충동성이 생활전반에 나타나야 한다. 이러한 양상은 성인기 초기에 시작하며 다음의 특성 중 5개 항목이 해당되면 진단을 내린다. : 유기를 피하기 위한 필사적인 노력, 극단적인 이상화와 평가절하가 특징적으로 반복되는 불안정한 대인관계양식, 정체감 혼란, 높은 충동성, 반복적인 자살행동이나 시늉과 같은 자해행동, 정서의 불안정성, 만성적인 공허함, 분노조절의 어려움, 일시적인 스트레스와 관련된 망상적 사고나 심한 해리 증상(DSM-IV, 1994).

경쟁 (competition)

4번 유형의 성적 하위유형을 뜻하는 말이다. 4번 유형의 성적하위유형은 대상에게 특별한 모습을 보이지 못하면 죽음 상태이다. 따라서 대상보다 더 특별한 모습을 보여야 한다. 때문에 대상이 더 특별한 모습을 보이면 자기가 더 특별한 모습을 보이기 위해 대상과 경쟁을 하는 것처럼 보이는 상태를 의미한다.

경험적 자아 (experiential self)

자연적 태도 속에서 구체적이고 사실적인 삶을 사는 자아로 관습과 습관과 같은 경험을 통해 만들어진 자아이다.

고착 (fixation)

에니어그램의 관점에서 고착은 각 유형이 본질적 자기와 멀어져 머리의 신성한 사고(Holy Idea)를 기억하지 못하는 9가지의 불건강한 머리 에너지의 상태를 말한다. 머리의 고착은 우리의 본질과 멀어지게 하고 왜곡과 집착에 의하여 가슴을 열정으로 치닫게하며, 장의 3가지 하위유형(SP, SO, SE)을 균형 있게 사용하지 못하게 한다. 정신분석학자 지그문트 프로이트(Sigmund Freud)는 리비도(libido: 性的欲求)의 발달과 퇴행(退行)이론 속에서 설명하였는데, 고착은 발달이 더 높은 단계로 진행이 되지 않고 그 단계에서 머무르는 것이다.

곰(8w9) (the Bear)

에니어그램에서 날개유형의 개념을 파악하고 나면 8w9번 유형을 이해할 수 있다. 8번 유형의 사람이 9번 유형의 날개를 좀 더 취하여 살아가는 유형으로 곰의 성격을 보여준다. 8w9인 곰의 사람은 9번 유형의 날개를 취할 때, 삶에 대한 열정이 여유 있는 방식으로 길들여져, 예전처럼 강렬하지 않고 자신의 힘을 경제적으로 사용하는 법을 배운다. 그리고 더 수용적인 사람이 되며 다른 사람의 감정을 이해하고 흐름에 따라가는 방법을 배운다. 하지만 이 유형의 사람은 술이나 다른 환각제에 의존하거나 다른 사람들의 고통에 회의적이 될 위험이 있다.

공감적 이해 (empathic understanding)

칼 랜섬 로저스(Carl Ransom Rogers)의 심리요법에서 인격변화를 일으키기 위한 치료자의 3가지 기본적 태도(공감적 이해, 무조건적인 긍정적 존중, 진실성) 가운데 하나이다. 그 의미는 상대방이 느끼거나 보는 것 등을 마치 자신이 보고 느끼는 것처럼 정확하게 감지할 수 있고 그것을 상대방에게 되돌려 전달할 수 있는 것을 말한다. 이렇게 되면 자기와 상대방 사이에 '공감현상'이 생긴다. 상담이나 심리요법, 나아가서는 부모교육이나 교사교육 등 사람을 상대하는 사람들의 제반 활동에서 기본이 되는 태도이다.

공격형 (moving against people)

카렌 호나이(Karen Horney)의 3가지 책략 중 사람들에게 대항하는 방식을 취하며, 이들은 자기 자신의 가치를 지키기 위한 방어책으로 다른 사람에 대하여 대항적인 행동을 취한다. 대부분 공격, 적대, 자기주장과 표현을 통해서 자기를 보호한다. 에니어그램 성격유형별 분류에서는 이에 속하는 유형으로 8, 3, 1번 유형으로 보는 테드 던(Tad Dunne)의 분류와 8, 3, 7유형으로 보는 돈 리소(Don Riso)의 분류가 있다.

과도한 보상 (overcompensation)

발달수준 6수준에 해당하는 것으로, 자기중심성이 나타나고 타인과의 갈등이 생기게 되는 단계이다. 이는 5수준에서 행한 행동의 실패와 자아의 팽창이 증가됨으로써 야기되는 갈등과 불안을 과잉보상하기 시작하면서 생긴다. 자기중심성, 과잉보상과 극단적 행동의 행태들이 나타나게 되는 데, 이는 개인이 자기 팽창을 유지하기 위해 자기중심적으로 행동함으로써 야기되는 것이다.

과도한 욕망 (excessive desire)

8번 유형의 악덕으로 다른 사람을 완전히 소유하고 통제하려는 소망이며 타인에게 전지전능한 신과 같은 힘을 갖고자 하는 것이다.

교만 (pride)

2번 유형의 악덕으로 자신의 도덕과 고결해 보이는 행동 속에서 특별히 만족을 느끼는 자만심의 형태로 스스로 자신을 칭송하며 자아희생적인 것으로 자기 보상하는 것이다.

구순기 (oral stage)

프로이트는 성적 에너지를 뜻하는 리비도가 집중적으로 표출되는 신체부위에 따라 성격발달단계를 구분하였다. 출생에서 대체로 18개월까지의 시기에 해당되는 구순기(oral stage)에 유아는 빠는 행위로부터 쾌감을 얻고자 한다. 이 시기에 구강욕구가 과도하게 만족되거나 결핍되면 무절제하게 탐닉하는 구강고착적인 징후를 보이고 때로는 먹기를 거부하는 구강적 분노를 보이기도 한다.

구순적 보존 (oral preservation)

4번 유형과 일치한다. 구순적 보존 유형인 4번 유형은 자신의 기분과 낭만적 환상을 양성하는데 더욱 관여함으로써 자신을 향한 통로를 통제하게 된다. 자신의 감정에 충실하게 되며 자신의 감정을 분류하는 것보다는 지속적으로 자기 몰두를 함으로써 자신의 세계를 지키려고 한다.

구순적 수용 (oral accept)

9번 유형과 일치한다. 구순적 수용형인 9번 유형은 많은 노력을 들이지 않고도 어머니의 가슴에서 흘러나오는 젖과 같이 환경이 자신의 욕구를 충족시켜 줄 것이라고 낙관적으로 생각하는 유형이다.

구순적 추방 (oral deportation)

5번 유형과 일치한다. 구순적 추방 유형인 5번 유형은 자신의 관계와 자신의 삶의 다른 점들을 구분함으로써 접근을 통제한다. 정보를 쾌락으로 받아들이고 아는 것이 힘이라고 자랑 한다. 사고를 하느라 시간을 보내기 때문에 의사소통을 하기가 어려워 질 수 있다.

구르지에프 (G. I. Gurdjieff)

그리스인 아버지와 아르메니아인 어머니 사이에서 러시아 코카사스 지방의 알렉산드로폴에서 1870년대에 태어났으며 러시아, 유럽, 미국 등에서 활동하였고 1949년 파리에서 사망하였다. 구르지예프는 비교적 지혜의 원천을 탐구하는 구도자들의 정신적 지도자였으며 에니어그램의 지혜를 서구의 세상에 전한 인물이다. 그가 설파한 세간에 있으면서 세간을 초월하는 수행의 길인 '제4의 길' 수행론은 현대인의 정신세계의 탐구에 의미 있는 지침이 되었다.

귀족 (4w3) (the Aristocrat)

에니어그램에서 날개유형의 개념을 파악하고 나면 4w3번 유형을 이해할 수 있다. 4번 유형의 사람이 3번 유형의 날개를 좀 더 취하여 살아가는 유형으로 귀족의 성격을 보여준다. 4w3인 귀족은 3번 유형의 날개를 취할 때, 일을 더 효율적, 실용적으로 하고, 일상의 단조로움을 잘 견딜 수 있다. 그래서 그것을 위해 일할 준비가 되어 있다면 원하는 것을 가지고 있다는 것을 잘 받아들인다. 하지만 이 유형의 사람은 더 자기중심적이 되고 선택한 극적 역할에 너무 빠지는 위험이 있다.

균형 (balance)

에니어그램에서 균형이란 양쪽 날개의 강점을 살리면서 그 유형의 단점을 피하는 것이다. 또한 건강한 사람에게서 나타나는 머리, 가슴, 장의 균형을 통한 통합을 의미하기도 한다.

그림자 지점 (shadow point)

기본유형의 시계 반대 방향의 유형을 그림자 지점이라고 한다. 왼쪽에 있는 날개는 거부된 자아로서 칼 구스타

브 융(Carl Gustav Jung)의 '그림자' 와 일맥상통한다. 우리는 그림자 지점에서 벗어나려고 애를 쓴다. 예를 들어 깐깐하고 지나치게 통제되고 조직화된 1번 유형이 자신의 '그림자' 지점인 9번 유형 쪽에서 혼돈과 끊임없이 싸우고 있거나, 태평스러운 7번 유형이 자신의 그림자 지점인 6번 유형 쪽으로 두려움과 편집증에서 벗어나려고 몸부림을 치게 된다. 이 '그림자' 지점을 통해 스스로 포기했던 장점을 되찾기도 한다. 그러므로 사람들의 '그림자'를 알면 우리는 그 사람에 대해 많은 것을 알 수 있다. 그림자 지점을 자신의 일부로 인정하면 그것에서 벗어나기 위해 허비할 수도 있는 엄청난 힘과 에너지의 물꼬를 트고 활용할 수 있게 된다. 일단 그것을 의식하게 되면 그것에서 도망칠 필요가 없어진다.

근뇌 (root brain)

에니어그램의 힘의 중심 세 가지 중 장중심, 현대 의학에서 본능 중추에 영향을 미치는 뇌이다. 분노의 감정은 근뇌에 기반 하는 감정으로 생명을 유지하는데 가장 직접적으로 연결되어 있기 때문에 환경에 저항하고 통제하며 독립성을 추구하는 장중심 에너지와 연결되어 있다.

근원적인 죄 (basic sin)

죄를 내면의 집착이 고착되어 나타나는 "근원적인 문제의 열매" 로 인식한다. 죄의식이 집착(신념)의 좌절로 비롯되는 내면 현상이라면 죄란 집착에 의한 신념이 완성되는 현상이라고 할 수 있다. 이로 인해 각 유형이 집착과 회피 속에서 자신도 모르게 자신과 타인 모두에게 상처와 아픔을 자아내는 각 유형들의 약점을 말하다.

긍정적 태도그룹 (Positive attitude group)

이들은 모두 가능한 긍정적 태도를 취함으로서 실망을 재구성한다. 삶의 밝은 면을 강조하고 보기를 원한다. 스스로가 좋은 기분에 머물기를 원하기 때문에 다른 사람들도 좋은 기분이 들도록 도와주는 것을 즐긴다. 사기를 북돋아 주는 사람들이다. 이들은 어두움에 직면하기를 두려워하며, 고통스럽거나 부정적인 것을 보기 싫어한다. 또한 다른 사람들과 자신의 욕구사이에 균형을 이루는 것을 어려워하기도 한다. 긍정적 자아이미지를 강조하는 2번 유형, 긍정적 경험, 즐거움, 재미를 강조하는 7번 유형, 타인의 환경과 세상을 긍정하는 9번 유형이 여기에 속한다.

긍정적 특성 (positive qualities)

각 유형이 가지고 있는 자아이미지를 통하여 나타나게 되는 행동이 바탕이 되어 외부로부터 긍정적 특성으로 평가받게 된다.

기능적 의미 (functional significance)

어떤 행동을 하는 그 자체가 이미 목적을 이루는 가치를 가지는 것이다.

기만 (deceit)

3번 유형의 악덕으로 진정한 모습 보다는 자신들의 이미지와 위장된 포장의 완전성을 발전시킨 것으로 겉보기와 달리 불안정하고 위선적이다.

기본적 두려움 (basic fear)

에니어그램의 9가지 성격 유형 각 각에서 나타나는 회피하고 싶고 직면하기 어려운 근원적인 부정적 정서로 해결될 때까지 한 개인에게 끝없는 불안과 공포 그리고 욕망을 야기한다.

기질이론 (Temperament Theory)

히포크라테스(Hippocrates)는 인간의 행동은 몸 안에 있는 액체의 색깔에 의하여 지배를 받게 된다고 생각했다. 이 몸 안의 액체는 네 가지로 분류되는데, blood(혈액), black bile(흑담즙), yellow bile(담즙) 그리고 phlegm(점액)이다. 그는 어느 한 액체가 지나치게 많아지면 인간의 행동이 그 액체에 의하여 영향을 받게 되는데 예를 들면, 흑담즙이 지나치게 많아지면 어둡고 우울한 분위기(Melancholy)에 휩싸이게 된다고 말했다.

깨우는 신호 (wake-up call)

일깨우는 신호는 건강한 범위에서 평균 범위로 옮겨가고 있음을 나타내는 표시로 사용된다. 이것은 우리가 자신의 에고와 좀 더 동일시되고 있으며, 곧 갈등과 다른 문제들이 생기게 되리라는 것을 나타내는 단서가 된다(Riso & Hudson, 1999).

나의 집 (home)

5번 유형의 자기보존 하위유형을 뜻하는 말이다. 5번 유형의 자기보존유형은 자신이 쓸모 있는 지식과 정보를 가지고 있지 않으면 죽음의 상태이다. 따라서 자기가 쓸모 있다고 생각하는 많은 지식과 정보를 갖고 있어야 한다. 때문에 자신이 가지려 하는 지식과 정보를 수집할 수 있는 자기만의 공간을 필요로 하는 상태를 의미한다.

낙천가 (enthusiast)

7번 유형의 이해를 돕는 명칭이며 바쁘고 생산적인 유형이다. 성격적 특성은 외향적이고 긍정적이며 다재다능하고 자발적이다. 노는 것을 즐기며 밝고 실천적이다. 일을 지나치게 잡아 늘이고 산만하고 규율을 잘 못 지켜서 자신의 능력을 적절히 활용하지 못할 때가 있다. 늘 새롭고 신나는 경험을 찾으며, 무엇인가를 유지시켜 나가는 데는 관심이 없고 피곤해 한다. 일반적으로 충동적이고 참을성이 없어 스스로 문제를 겪는다.

날개 (Wing)

에니어그램에서 날개란 9개의 각 성격 유형의 옆에 위

치하여 인간 무의식 성격의 다양성을 설명하는 개념이다. 예를 들어, 1번 유형의 사람은 자신의 타고난 무의식 유형인 1번 유형만을 가지고 살아가는 것이 아니라 9번 유형이나 2번 유형을 날개유형으로 좀 더 선택하여 살아간다. 거의 모든 사람들은 양 날개유형을 동등하게 사용하지 못하고 한쪽 날개유형만을 좀 더 취하여 살아가기 때문에 같은 1번 유형이라도 9번 유형의 날개를 좀 더 사용하느냐, 2번 유형의 날개를 좀 더 사용하느냐에 따라서 다른 성격상태를 보여준다. 에니어그램의 목적이 9개의 성격유형에 대한 건강하고 본질적인 신성의 통합이라는 측면에서 보면 우리는 양쪽 날개를 균형적으로 사용할 때 좀 더 통합된 삶을 살아갈 수 있다.

남근기 (phallic stage)

프로이트는 성적 에너지를 뜻하는 리비도가 집중적으로 표출되는 신체부위에 따라 성격발달단계를 구분하였다. 3세부터 6세 사이에 유아는 최초로 자신의 성에 눈뜨게 되며 이와 더불어 성적 욕구의 대상으로서 어머니에게 관심을 갖는 남근기(phallic stage)에 접어들게 된다. 이 때 유아에게 있어서 아버지는 어머니와의 애정관계를 저해하는 두려운 경쟁자로서 인식되게 되는데 프로이트는 이러한 유아의 무의식적 경쟁 심리를 오이디푸스 콤플렉스라 부른다. 대부분의 정상적인 남아의 오이디푸스 콤플렉스는 일반적으로 무의식 속에서 억압되며 적대감 대신에 아버지를 닮아가려는 동일시에 의해 경쟁심을 극복하게 된다. 이러한 동일시 기제는 초자아의 형성과 성역할학습 등 이 시기 아동의 성격발달에 큰 영향을 미치게 된다.

남근적 보존 (phallic preservation)

7번 유형과 일치한다. 남근 보존적 유형인 7번 유형은 모든 것은 재미있어야 한다고 생각한다. 그렇지 않으면 다른 것으로 옮겨 간다. 이들은 관심의 중심이 되고 싶어 하고 자신들의 모험을 개척해 나가면서 자신이 즐기겠다고 생각한다.

남근적 수용 (phallic accept)

3번 유형과 일치한다. 남근 수용적 유형인 3번 유형은 타인들로부터 자신의 신체에 대한 칭찬을 듣고 싶어 하고 때로는 성적인 자기과시를 한다. 남근적 수용 유형은 남근기 주위에 리비도가 고착되었거나, 혹은 여성에 대해서 요도특성이라기보다는 에니어그램 3번 유형의 자기도취적인 사람이라고 하는 것이 더 나을 것이다. 3번 유형은 현실에서 하는 것들을 끌어안으려 한다.

남근적 추방 (phallic deportation)

8번 유형과 일치한다. 남근적 추방형인 8번 유형은 자기 힘과 경쟁력을 확인하기 위해 최선을 다한다. 자신의 힘과 탁월성을 증명하려 한다. 이들은 힘을 행사하는 타고난 감각을 가지고 있으며 이를 쓰는데 주저하지 않는다. 자신을 따라오게 하고 따라오는 자에게 자신의 힘을 보여주려고 한다.

남성성/여성성 (masculinity/feminity)

3번 유형의 성적 하위유형을 뜻하는 말이다. 3번 유형의 성적하위유형은 대상에게 성공한 사람으로 인정받지 못하면 죽음 상태이다. 따라서 대상에게 남성이 가진 가장 성공적인 모습과 여성이 가진 가장 성공적인 모습을 보여야 한다. 때문에 남성의 매력과 여성의 매력을 보일 수 있는 상태를 의미한다.

납의 원칙 (leaden rule)

평균 수준의 가장 낮은 차원에서 일어나는 성격 특성을 의미한다. 납의 원칙은 각 유형에게는 자신의 에고를 지지하기 위해서 다른 사람을 공격적으로 깎아내리는 특별한 방식이 있다고 말한다. 이는 '내가 다른 사람을 시궁창에 처박는다면 나의 위치는 올라갈 것'이라고 잘못된 신념을 갖게 되는 데서 비롯된다. 따라서 각각의 유형은 자신의 기본적인 두려움 때문에 다른 사람에게 고통을 가하게 된다(Riso & Hudson, 1999).

내배엽형 (endomorph)

미국의 심리학자 윌리엄 셸든(William Sheldon)이 분류한 체형(體型) 유형의 하나이다. 신체 중에서 태생기의 내배엽(內胚葉)에서 기원(起原)한 내장, 특히 소화기관이 잘 발달된 비만체(肥滿體)를 말한다. 이러한 체형의 사람은 느긋한 것을 좋아하고 사교성(社交性)이 풍부하다.

내외적 조화 (internal-external order)

세상을 있는 그대로 받아들이고 거기에 적응하는 것을 인생의 선이라고 보며, 진정한 인생은 조화 또는 자신과 외부 세계 사이의 상호작용에 있다고 본다. 에니어그램에서는 3, 6, 9유형에 해당된다.

내장긴장형 (visc rotonie)

미국의 심리학자 셸든이 분류한 기질 유형의 하나이다. 편안함을 좋아하고 명랑하며 사교적이고 낙천적인 기질 유형으로, 체형에서의 내배엽형(內胚葉型)에 대응한다.

내적 순교자 (inner martyr)

2번 유형은 항상 사랑해야 한다고 하는 자신의 초자아인 내적 순교자의 요구에 순응한다.

내적 여정(internal journey)

내면적 성찰을 위해 자기 내부로의 여행을 떠나는 과정이다.

내적 판단자 (inner judge)

행동에서 지배적인 역할을 하는 초자아의 내면화에 순응적이다. 1번 유형은 자신의 초자아인 내적 판단자가 부과하는 이상적인 의무에 순응한다.

내적성찰 (internal reflection)

진정한 나는 누구인가? 하는 물음을 갖고 떠나는 긴 여정이다.

내적일관성 (internal consistency)

신뢰도 중에서 한 검사를 구성하는 문항들을 각 각 독립된 검사로 간주하여 그 문항들이 동일 측정대상을 어느 정도 일관성 있게 측정하는지를 반영하는 것이다.

내적질서 (inter order)

자신을 세상보다 크다고 인식하여 현실을 지배할 수 있다고 믿으며 진정한 인생은 자기 자신에게 집중되어 있다고 본다. 에니어그램에서는 8, 2, 5유형에 해당된다.

능동성 (proactivity)

자신의 생각이나 뜻에 따라 행동하거나 그런 행동이 다른 것에 작용하는 성질이다.

능력그룹 (Competency Group)

이들은 자신의 개인적인 감정을 뒤로 젖혀두고 객관적

이고 효과적이며 유능해지기 위해 노력함으로써 어려움을 다룬다. 이들은 자신의 주관적인 필요와 감정을 뒤로 젖혀 둔다. 이들은 논리적으로 문제를 해결하려 하며 다른 사람도 그렇게 해주기를 기대한다. 이들은 특정 틀이나 체제 안에서 일하는 것과 관련하여 문제를 가지고 있다. 이런 자세는 가족관계에서 기인하며 그 체제의 가치에 얼마만큼 자신을 주기 원하는지 혹은 물러나기를 원하는지를 확신하지 못한다. 정확, 합리, 조직적이 되는 것을 강조, 개선시키고 모범이 되고자하는 1번 유형, 효율, 유능, 실용적이 되는 것을 강조, 목표에 맞춰 자신을 표현하는 3번 유형, 정보성, 명확성, 독립성, 객관성 강조, 전문가가 되는 것을 중시하는 5번 유형이 여기에 속한다.

다혈질 (sanguin)

히포크라테스는 체액을 혈액 · 점액 · 담즙 · 흑담즙으로 나누고 이 4가지가 적당한 비율로 섞여 있지 않고 어느 하나가 너무 많거나 적으면 불완전한 기질을 갖게 되며, 지배적인 체액에 따라 기질이 결정된다고 보았다. 혈액이 지배적인 체액일 때 나타나는 기질로서 성격이 겉으로 드러나며 외향적인 경우가 많다. 보통 먼저 대화를 시작하고 즉각적인 반응을 드러내며 감정의 변화가 심하다. 큰 소리로 웃거나 대화를 주도하여 주목받는 것을 즐기며 웅변이 뛰어나다. 주변 사람과 사물에 대해서 늘 호기심을 가지며 환경에 잘 적응하는 편이다. 낙천적이어서 좌절하거나 미래에 대하여 두려움을 갖지 않으며 쉽게 과거를 잊는 경우가 많다. 끊임없이 여러 가지 계획을 세워 추진한다. 첫인상이 좋아 사교적이고 다른 사람들에게 진실한 마음을 가지려 한다.

대뇌긴장형 (cerebrotonia)

셸든의 분류로 체격이 외배엽형의 특성을 가지고 있어 키가 크고 허약하며 큰 대뇌와 예민한 신경계를 가지고 있다. 기질로 표현할 때 대뇌긴장형은 조심스럽고 두려움이 많고 내향적이며 예술적인 성격을 가지고 있다. 초기이론의 객관적인 자료를 검증할 수 없으나 체격과 특정한 성격특징 사이의 관계성을 제시하고 있다.

대뇌피질 (cerebral cortex)

대뇌에서 가장 겉에 위치하는 신경세포들의 집합으로 고차원적 기능을 수행하는 부분으로 대뇌피질은 대뇌의 가장 표면에 위치하고 있으며 두께는 2~4mm 정도이다. 대뇌피질은 부위에 따라 기능이 다르며 각각 기억, 집중, 사고, 언어, 각성 및 의식 등의 중요 기능을 담당한다. 에니어그램의 세가지 힘의 중심 중 머리(사고)에 에너지의 중심을 두고 사는 사람들의 현대의학적 측면에서 본 기능은 대뇌피질에 가장 연관이 있다고 본다.

대상관계이론 (object-relations)

대상관계이론은 후기정신분석이론의 하나로, 정신분석학 테두리 안에서 발전한 몇 가지 이론들 중의 하나이다. 대상관계 이론은 Melanie Klein, Ronald Fairbairn, Donald Winnincott, Michael Balint 등 여러 이론가들의 기여로 이루어진 것이다(안석모 역, 2009). 대상(object)은 관계를 이루는 상태속의 '타인'으로 본능적인 관점에서 보면 본능이 만족을 취하게 되는 그 목표물이며, 대상관계는 생애 초기에 주요타자들과의 관계에서 경험한 것이 어떤 정신적 표상(mental representations)과 상호작용의 틀로 내면화된 것을 의미한다.

대우주 (macro cosmos)

구르지에프는 '인간을 알기 위하여 우주를 알아야 하고, 우주를 이해하기 위하여 인간을 이해할 줄 알아야 한다.' 고 말했다. 에니어그램은 포괄적으로 우주 전체로서 대우주(macro cosmos)를 이해하고, 구체적으로 소우주(micro cosmos)로서 인간을 이해하는 데 필요한 체계이다. 에니어그램은 우주적 상징이며 영속적 운동성이다. 에니어그램은 '나'를 아는 것과 '우주'를 아는 것을 균형과 조화 속에서 노력하며 추구할 것을 가르친다. 진리를 탐구하는 것은 곧 대우주와 소우주를 아울러 탐구하는 것이다.

대인 간 통제 (interpersonal control)

발달수준 5수준에 해당하는 것으로 여러 가지 부정적인 특성들을 보여주는 단계이다. 여기에서 더 아래로 내려가면 그 특성들이 보다 자기중심적이고 방어적이며 갈등을 유발하기 때문에 유형의 왜곡이 일어나는 전환점이 되는 수준이다. 개인은 특징적인 방식으로 환경, 특히 타인을 통제하려고 노력함으로써 자아가 팽창하게 되는데, 이 '자아팽창'은 페르조나를 위축시키고, 사회적 상호작용으로부터 개인을 철수시키게 된다(Riso, 1996).

독립자(8w7) (the Maverick)

에니어그램에서 날개유형의 개념을 파악하고 나면 8w7번 유형을 이해할 수 있다. 8번 유형의 사람이 7번 유형의 날개를 좀 더 취하여 살아가는 유형으로 독립자의 성격을 보여준다. 8w7인 독립자의 사람은 머리형인 7번 유형의 날개를 취할 때, 내면의 순수함과 쉽게 접하여 더 밝고 여유 있게 살고 사람들과 관계를 잘한다. 또한 창조적이고 상상력 있는 사람이 되고, 더 이상 경쟁적이지 않고 힘을 휘두르려 하지 않는다. 하지만 이 유형의 사람은 음식과 소모품에 대한 욕구가 더 커질 위험이 있다.

돈 리처드 리소 (Don Richard Riso)

리소(1946-2012)는 루이지애나 주 뉴올리언즈에서 성장했다. 13년 동안 예수회 수사였고 스탠포드 대학에서 사회심리학으로 석사학위를 받았다. 주로 뉴욕에서 활동하였으며 The Enneagram Institute의 설립자로 1975년부터 2012년까지 30년 이상을 에니어그램 연구개발과 지도에 힘썼다. 러스 허드슨과 The Enneagram Institute를 공동으로 설립했으며 국제에니어그램협회를 조직했다. 리소는 고대인의 지혜인 에니어그램을 현대의 심리학과 접목시켜 이론을 정립하였다.

동맹 지점 (alliance point)

시계 방향으로 기본유형의 옆에 있는 유형을 동맹 지점이라고 한다. 동맹지점은 특정 에니어그램 유형에 대한 해독제와 같은 역할을 한다. 각 유형의 '동맹' 지점을 이해하고 나면 무엇이 자신을 끌어당기고 흥분시키며, 무엇이 자신을 곤경에서 건저 줄 것인지를 알게 된다. 이것은 각 유형이 진정으로 원하는 것으로서 , 변화를 위한 하나의 촉매제이기도 하다. 예를 들어서 감정적으로 흥분한 4번 유형은 5번 유형의 동맹지점에서 공간적 여유와 정서적 거리를 갖게 될 때 냉정을 되찾게 된다. 때때로 사람들은 자신의 '동맹' 지점이나 '그림자' 지점 중 어느 한쪽으로 기울어지므로써 균형을 잃게 되는데 두 '날개' 지점이 균형을 이룰 때 가장 능률적으로 일을 할 수 있다.

동일시 (identification)

주요인물의 태도와 행동을 자기도 모르게 닮는 심리기제이며, 근본적으로 열등감을 느끼는 사람은 자신을 성공적인 사례나 조직, 또는 그들이 가치 있다고 생각하는 사람들과 동일시한다. 3번 유형이 취하는 방어기제로 사회적으로 훌륭한 지위나 역할을 지닌 사람과 자기 자신을 동일시한다. 자신의 성공이 아닌 것도 자신의 성공으로 가져다 붙인다.

동질성 (homeostasis)

사람이나 사물의 바탕이 같은 성질이나 특성이다.

리비도 (Libido)

프로이트는 인간들에게 두 가지 기본적인 욕구가 있다고 주장했다.'성욕구'와 '공격욕구'가 그것이다. 처음에는 성욕구만 주장했지만, 그의 말년에 세계 대전 등 인간의 잔혹한 모습을 보고서는 공격욕구도 추가하였다. 이 성욕구에 해당하는 것이 '리비도'이고, 공격욕구에 해당하는 것이 '타나토스'이다. 이외에도 그의 핵심적인 이론인 성격구조이론을 알아야 할 것이다. 그는 성격의 구조를 원초아(id), 자아(ego), 초자아(superego)로 나누었다. 이때 원초아는 인간의 본능에 해당하는 것으로 자아와 초자아의 에너지 근원이 되는 것으로 보았다.

마음의 평안 (equity)

4번 유형의 미덕으로 자신들의 삶에 대응해 나가 수 있으며 자신들이 연약하지지 않으며 모든 감정들에 대해 영향을 받지 않아도 된다는 사실을 인식하고 평온을 느낀다.

만족적 생존 (survival)

8번 유형의 자기보존 하위유형을 뜻하는 말이다. 8번 유형의 자기보존유형은 자기가 통제를 받고 있는 상황이면 죽음의 상태이다. 따라서 타인에게 통제를 받지 않고 또는 자기가 타인을 통제하면서 생활을 영위하여야 한다. 때문에 자기가 타인을 통제하며 자기를 지킬 수 있는 상황이 만족적 생존의 상태를 의미한다.

매력적인 사람(3w2) (the star)

에니어그램에서 날개유형의 개념을 파악하고 나면 3w2번 유형을 이해할 수 있다. 3번 유형의 사람이 2번 유형의 날개를 좀 더 취하여 살아가는 유형으로 매력적인 사람의 성격을 보여준다. 3w2인 매력적인 사람은 2번 유형의 날개를 취할 때, 남에게 더 베푸는 특성을 가진다. 그래서 삶에서 인간관계의 친밀함을 추구하며, 일대일 관계능력이 발전된다. 하지만 이 유형의 사람은 더 외향적 성격이 되어 자기 자신을 위함 삶을 망각할 위험이 있다.

매슬로우 (Abraham Harold Maslow)

미국의 심리학자로 인본주의 심리학(humanistic psychology)을 제창하고 인간성을 존중한 심리학, 즉 건강한 인간의 창조성을 활용한 자기실현을 위한 심리학의 중요성을 주장했다. 이전의 프로이트학파와 실험실증 행동주의의 2대심리학 이론에 이은 제3의 심리학으로 간주, 정신요법과 행동요법의 통합을 도모하며, 포괄적으로는 인간성을 포착하려는 것이다.

매혹 (fascination)

7번 유형의 성적 하위유형을 뜻하는 말이다. 7번 유형의 성적하위유형은 즐거움을 제공하는 대상이 없으면 죽음의 상태이다. 따라서 즐거움을 주는 대상이 있어야한다. 때문에 즐거움을 주는 대상에게 매력적으로 느끼는 상태를 의미한다.

몽상가(9w1) (the Dreamer)

에니어그램에서 날개유형의 개념을 파악하고 나면 9w1번 유형을 이해할 수 있다. 9번 유형의 사람이 1번 유형의 날개를 좀 더 취하여 살아가는 유형으로 몽상가의 성격을 보여준다. 9w1인 몽상가의 사람은 1번 유형의 날개를 취할 때, 우선순위를 세우는데 능하고, 더 활력적이 되며, 심각한 상황을 피하기보다는 직면하게 된다. 또한 책임감 있고 정확한 사람이 될 것이다. 하지만 이 유형의 사람은 쪼잔하고, 자기 비판적이고 남을 판단하지 않는 사람이 될 위험이 있다.

무애착 (애착하지 않음, nonattachment)

5번 유형의 미덕으로 여러 관점을 동시에 이해할 수 있으며 전체와 부분같이 알며 이해심과 인내심이 많은 상태이다.

무의식 (unconscious)

무의식은 자신의 행위에 대하여 자각이 없는 상태를 말하는 것으로, 일반적으로 각성(覺醒)되지 않은 심적 상태이다.

무의식적 동기 (unconscious motivation)

무의식적 동기는 인간의 무의식이 그 사람의 행동과 성격을 표출시키는 동기로 작용하는 것으로 프로이트는 무의식적 동기가 인간의 행동을 결정하다고 보았다. 이러한 동기에 의한 행동은 긍정적 방향으로 행하여질 수도 있고, 부정적 방향으로 행하여 질수도 있다. 스피노자는 인간이 자기 자신의 욕망은 자각하고 있지만, 그 욕망을 결정하는 원인에 대해서는 모른다고 하였다. 또한 무의식적 동기의 존재 자체가 인간을 구속하는 것이며, 자신의 내 · 외적 현실에 대한 자각을 증진시킴으로써 자유를 얻게 된다고 본다.

문제해결자(5w6) (the Problem Solver)

에니어그램에서 날개유형의 개념을 파악하고 나면 5w6번 유형을 이해할 수 있다. 5번 유형의 사람이 6번 유형의 날개를 좀 더 취하여 살아가는 유형으로 문제해결자의 성격을 보여준다. 5w6인 문제해결자의 사람은 6번 유형의 날개를 취할 때, 부끄러움 없이 더 활발해질 수 있고, 더 많은 책임을 가진다. 또한 더 이상 외톨이가 아닌 한 그룹의 일부로 갖는 기쁨을 느끼게 된다. 하지만 이 유형의 사람은 너무 자신을 의심하고 자신감을 잃는 것을 조심해야 한다.

문화적 상징 (cultural symbols)

5번 유형의 사회적 하위유형을 뜻하는 말이다. 5번 유형의 사회적 하위유형은 자기가 속해 있는 집단에서 지혜와 지식을 인정받지 못하면 죽음이다. 따라서 자기가 속해 있는 집단에서 지혜와 지식을 인정받고 그에 따른 위치를 인정받아야 한다. 때문에 집단에서 그의 지혜와 지식이 한 집단의 문화적 상징이 될 수 있는 상태를 의미한다.

미덕 (virtue)

미덕은 인간이 본질에 존재할 때 가슴으로 느끼는 근원적인 특성으로 완전한 기능과 계발이 가능한 감정이며, 가슴으로 깨달은 상태에서 자연스럽게 표출된다. 미덕은 인간이 완전한 인생을 지향하게 하는 것과 관련되며 기본적으로 좋은 습관이다. 각 유형의 미덕은 가장 중요한 장점이자, 열정의 해독제가 될 수 있다. 인간에게 완전한 인생을 지향하게 하는 것과 관련이 있으며 자기와 타인 모두에게 자비를 베푸는 것이다. 각 유형의 미덕은 침착(1번 유형), 겸손(2번 유형), 정직(3번 유형), 마음의 평정(4번 유형), 무애착(5번 유형), 용기(6번 유형), 절제(7번 유형), 순수(8번 유형), 옳은 행동(9번 유형)으로 표현된다.

반동형성 (reaction formation)

겉으로 나타나는 태도나 언행이 마음속의 욕구, 생각과 정반대인 경우의 방어 기제다. 무의식적으로 밑바닥에 흐르는 생각, 소원, 충동이 너무나도 부도덕하고 받아들이기에 두려운 것일 때, 이와는 정반대의 것을 강조하고 선택함으로써 의식에 떠오르는 것을 막는 과정이다. 1번 유형이 취하는 방어기제로 자신의 분노를 직접 그대로 보여주지 않는다. 그 대신 눈 깜짝할 사이에 검열과정이 이루어지고, 무엇을 어떻게 표현할지 적당한 방법을 결정한다.

반복질문 (repetitional question)

한국형에니어그램 훈련단계 중 심화단계에서 실시하는 각 유형별 집착을 버리고 무의식적 습관을 자각하기 위한 의식 훈련 중의 하나이다.

반사회성 성격장애 (antisocial personality)

생활전반에 걸쳐서 타인의 권리를 무시하거나 침해하는 것으로서, 소아기 또는 사춘기 초기에 시작되어 성인기까지 지속된다. 15세 이전에 품행장애 발생 증거가 있어야 하고 연령이 적어도 18세 이상이어야 진단을 내릴 수 있다. 다음의 3개 이상의 항목을 충족시킨다. : 사회적 규범 파괴, 구속당할만한 행동을 반복적으로 함, 사기, 충동성, 과흥분성과 공격성, 지속적인 무책임성, 자책의 결여 및 자신의 행위에 대한 합리화(DSM-IV, 1994).

반응그룹 (reactive group)

이들은 갈등과 문제에 감정적으로 반응하며 다른 사람들을 얼마나 신뢰해야하는 지 알기 어려워한다. 문제가 생기면 이들은 다른 사람들이 감정적인 반응을 보여서 자신의 걱정을 반영해주기를 바란다. 갈등상황에서 이들은 다른 사람들이 자신의 감정적인 상태에 맞춰주기를 바란다. 이들은 싫고 좋음이 분명하다 문제가 있으면 다른 이들도 알게 될 것이다. 자신의 감정을 먼저 다루길 원하면 감정을 다루어야만 상황정리가 되고 가라앉을 수 있다. 이들이 감정을 발산하지 못하면 크게 화내고 복수심을 갖게 될 것이다. 이들은 독립심과 보살핌을 받고 싶은 욕구 사이에서 균형을 맞추기 힘들어하며 사람들을 신뢰하면서도 동시에 신뢰하지 않는다. 지원과 애정에 깊은 욕구를 가지고 있지만 자신의 통제력이 상실 될까봐 두려워한다. 구원자, 자신의 꿈과 이상의 지원자 추구. 자기과시를 추구하는 4번 유형, 독립성과 지원, 의지처를 추구하면서 동시에 강함을 추구하는 6번 유형, 독립성과 스스로를 의존하는 것을 추구, 지원은 원하지 않는 8번 유형이 여기에 속한다.

발달경로 (developmental path)

인간은 태어나면서 부터 물리적이고 상호적인 환경 속에서 성장하고 인지, 언어, 사회, 정서 등의 발달영역에 영향을 받는다. 이때 아동은 긍정적인 영향, 부정적인 영향을 받는다. 긍정적인 영향을 통해 발달이 촉진되고 확장되며 발달 내용도 바람직한 성향으로 발달하게 된다. 반면에 아동은 성장하면서 환경으로부터 부정적인 영향을 받기도 한다. 계속해서 부정적인 환경을 체험할 경우, 아동은 심리적 동기뿐만 아니라, 사회, 행동에서도 다른 방식의 발달양식을 갖게 된다. 각각의 에니어그램 유형이 그 사람에게 큰 영향을 미치는 특수한 발달 경로와 관련이 있다. 따라서 한 사람의 개인으로서 성장하고 발전해 나가고자 하는 사람이 자신의 에니어그램 유형을 파악하는 것은 아주 중요한 일이다.

발달수준(의식수준) (developmental level)

건강할 때부터 보통일 때와 건강하지 않은 상태에 이르기까지 서로 연관된 특성들의 연속으로 구성된 각 유형 내에 있는 9단계의 발달단계를 의미한다. 발달 수준은 각 유형의 추상적이고 내적인 구조이며 특성, 방어, 대인행동, 태도 및 다른 복잡한 특성을 구체화시키는 토대이다. 발달수준은 각각의 성격유형의 수준을 관찰하고 측정하는 방법을 제시하고 있다. 이는 에니어그램의 수평적이고 수직적인 차원을 명확하게 구분하고 있다. 완전한 심리체계는 수평과 수직의 수준을 포함해야 한다. 이는 보다 정교하고 세밀한 각각의 성격유형의 심리적 정신적 시사점을 제공하고 있다. 건강한 범위(수준 1-3)는 각 유형의 장점을 나타낸다. 보통범위(수준 4-6)는 그 유형의 평균적인 행동을 나타낸다. 불건강한 범위(수준 7-9)는 그 유형의 기능 장애를 나타낸다(Riso, 1996).

방어기제 (defence mechanism)

정신분석에서는 자아가 위협받는 상황에서, 무의식적으로 자신을 속이거나 상황을 다르게 해석하여, 감정적 상처로부터 자신을 보호하는 심리 의식이나 행위를 가리키는 용어로 스트레스 상황이나 욕구 불만에 직면했을 때 무의식적으로 스스로를 보호하기 위해 자동적으로 취하는 문제 해결방법으로 현실을 왜곡하며, 자아를 보호하기 위해 사용하게 된다. 에니어그램의 관점에서 방어는 성격구조에서 집착(glue)을 나타낸다. 방어는 자아통합과 생존을 영위하기 위해, 건강한 정신습관을 유지하기 위해, 자아존중감과 긍정적 정체감을 지지하기 위해, 하위유형의 행동에서 주요한 감정적 에너지를 표현하기 위해, 유형의 주의집중을 강화하기 위해, 발달하는 무의식적 기제이다. 에니어그램의 9가지 성격적 특성은 강박에 의한 9가지 방어기제에 의한 행동이라 할 수 있다. 즉 9가지 방어기제는 반동형성, 억압, 동일시, 인위적 승화, 감정적 고립, 투사, 합리화, 부인, 무감각이다.

방어자(6w5) (the Defender)

에니어그램에서 날개유형의 개념을 파악하고 나면 6w5번 유형을 이해할 수 있다. 6번 유형의 사람이 5번 유형의 날개를 좀 더 취하여 살아가는 유형으로 방어자의 성격을 보여준다. 6w5인 방어자의 사람은 5번 유형의 날개를 취할 때 더 관찰적, 객관적, 묵상적, 개인적인 사람이 된다.

그리고 지각력과 초연함을 강조함으로써 과도한 책임감에서 오는 일 중독증 경향을 완화할 수 있다. 하지만 이 유형의 사람은 더 안전위주, 회의적이 될 수 있고, 자신의 감정과 접하는 것을 두려워할 수 있다.

변연계 (limbic system)

에니어그램에서는 힘의 중심, 즉 가슴중심 유형들의 현대 의학적 관점에서 감정 중추에 영향을 미치는 것으로 보고 이는 우리의 뇌의 변연계와 관련 있는 것으로 보았다. 신피질이 지(知), 정(情), 의(意)의 고차적인 정신기능의 중추인 데 반해 변연계은 개체 유지, 종족 보존에 필요한 기본적 생명현상의 중추로 정동, 욕구, 본능, 자율신경계기능을 발현하여 통제한다. 자기보존에 불가결한 섭식행동, 공포감, 노여움, 정동행동이나 성행동, 생식행동의 발현, 통제에 관여한다. 변연계는 모든 내외계에서 감각정보에 대한 영향을 받는 것과 같이 그 활동은 시상하부, 뇌줄기, 척수를 거쳐 자율신경계를 통과하는 경로 및 신경투사와 순환에 의해 뇌하수체에 작용하여 내분비계를 통해 경로에 의해 전신에 작용한다. 변연계의 자극에 의한 섭식, 공격, 방어자세 등의 행동과 혈압, 심박 등 자율신경계의 반응이 유발된다. 쾌락중추, 상벌중추도 존재하는 것으로 생각된다.

변증법 (dialectic)

헤겔 철학에서, 동일률을 근본 원리로 하는 형식 논리와 달리 모순 또는 대립을 근본 원리로 하여 사물의 운동을 설명하려는 논리. 인식이나 사물은 정(正) · 반(反) · 합(合) 삼 단계를 거쳐 전개된다고 하는 것을 변증법이라고 한다. 에니어그램에 9개의 성격유형이 있는 것은 구조가 3X3배열을 갖고 있는데 2개의 변증법적으로 관련되어 있는 3개의 그룹에 기인한다. 변증법적으로 관련되어 있는 요인들이 9개의 독특한 성격범주를 만들어 내고 있다.

병리적 파괴 (pathological destructiveness)

발달수준 9수준에 해당하는 것으로, 파괴적 행동이 표출된다는 점에서 신경증적인 상태에 해당 한다. 현실과의 접촉에서 강박적이 되면서 개인은 점점 더 자신과 타인 또는 양자 모두를 파괴한다. 과거 행위의 결과와 자신의 인생을 재설계하고자 하는 욕구가 야기하는 거대한 불안으로부터 자아를 손상당하지 않게 하기 위해 의식적이거나 무의식적인 파괴성들이 나타나게 되며, 그 결과 심각한 쇠약, 폭력, 죽음이 나타난다.

보존적 (retentive)

프로이트의 항문기에 적절한 배변훈련은 자기 통제력과 관련된다. 시간과 장소에 대한 적절한 통제는 건강한 성격을 형성한다.

보헤미안(4w5) (the Bohemian)

에니어그램에서 날개유형의 개념을 파악하고 나면 4w5번 유형을 이해할 수 있다. 4번 유형의 사람이 5번 유형의 날개를 좀 더 취하여 살아가는 유형으로 보헤미안의의 성격을 보여준다. 4w5인 보헤미안의 사람은 머리형인 5번 유형의 날개를 취할 때 감정을 적정하게 사용하기 때문에 좀 더 안정적이다. 그래서 우울함으로 떨어지는 상태를 쉽게 견딜 수 있고 침착하게 분석할 수 있게 된다. 하지만 이 유형의 사람은 더 소심하고 내향적이 되어 홀로 동 떨어지는 삶을 살아갈 수 있다.

본능 (Id)

프로이트는 성격의 구조 모델을 주장하였다. Id, Ego, Superego라는 개념을 성정하고 있다. 그에 따르면 본능은 인간의 생물학적인 토대에 기초하고 있으며 모든 충동에너지의 근원을 표상한다. 결과를 고려하지 않고 즉각적으로 흥분하며 긴장 또는 에너지를 방출시켜 긴장을 감소시키고 만족을 얻으려는 경향이 있다. 프로이트는 이를 쾌락의 원리라고 불렀다.

본능중심(장중심) (Gut center)

에니어그램에서 제시하는 삼원소 중의 하나로 이들의 무게 중심은 하복부(장)와 소화계로 본능과 습관에 따라 행동한다. 힘이 관건이고 세상을 전쟁터라고 생각하며 자기중심적이다. 적대적이거나 단도직입적이며 남에게 좌우되는 것 싫어하고 자신의 것을 설명하지 않는다. 주관심사는 자기 자신, 힘과 정의, 한계이다. 살아남는 것이 중요하고 흔적 남기기를 좋아하며 욕심과 지배욕이 강하다. 8번, 9번, 1번 유형은 현실에 대한 저항을 유지하는데 관심을 가진다. 이 유형들은 공격과 억압과 관련된 문제들을 갖는 경향이 있다. 이들은 자아를 방어하는 행동의 밑바탕에 많은 분노를 가지고 있다.

본질 (essence)

본질은 진정한 우리 자신, 본질적 자아, 우리 안에 있는 존재의 근본을 의미하는 순수 의식(Spirit)이다.

본질적 자각 (essential awareness)

본질은 근본적으로 가지고 있는 속성(성질)을 말한다. 본질적 자각은 우리의 관심을 지금 이 순간의 경험에 집중하는 것으로 우리가 동일시하는 것, 두려워하는 것, 저항하는 것을 인지하는 것이다. 본질적인 것은 지속적인 연습을 통해 더욱 접근할 수 있다.

본질적 자아 (순수의식, real self)

본질적 자아는 본질, 즉 우리 안에 있는 존재의 근본을 말한다. 진정한 우리자신이며, 순수의식(Spirit)이라고 볼 수 있다.

봉사자(2w1) (the Servant)

에니어그램에서 날개유형의 개념을 파악하고 나면 2w1

번 유형을 이해할 수 있다. 가슴형인 2번 유형의 사람이 장형 1번 유형의 날개를 좀 더 취하여 살아가는 유형으로 봉사자의 성격을 보여준다. 2w1인 봉사자는 1번 날개의 장중심의 힘을 가질 때 정직하게 칭찬하고 자신의 목소리를 내는데 두려워하지 않는다. 또한 어떤 일이 남에게 도움이 되거나 친전한 것이기 때문에 하는 것이 아니라 그것이 옳은 것이기 때문에 할 수 있게 된다. 하지만 이 유형의 사람은 자신과 남에 대해 너무 비판적이고 너무 많은 책임을 느껴 자기 스스로 무너질 위험이 있다.

부적응 (nonadaptability)

1번 유형의 사회적 하위유형을 뜻하는 말이다. 1번 유형의 사회적 하위유형은 자기가 속해 있는 집단이 사악하고 비양심적이고 완벽하지 못하면 죽음의 상태이다. 따라서 자기가 속해 있는 집단이 선하고 양심적이고 완벽한 상태이어야 한다. 때문에 집단이 사악하고 비양심적이고 완벽하지 못하면 속해 있는 집단에 부적응하는 상태를 의미한다.

부정 (denial)

발달단계 중 최초의 가장 원초적인 방어기제 중의 하나로 의식화된다면 도저히 감당 못할 어떤 생각, 욕구, 충동, 현실적 존재를 무의식적으로 부정하는 것을 말한다. 8번 유형이 취하는 방어기제로 자신의 약점이 될 수 있는 힘의 한계, 즉 타인이 자신보다 힘이 강하다는 것을 인정하길 거부한다.

분노 (anger)

1번 유형의 악덕으로 자신이 완벽하지 못하다는 것과 자신들의 실패에서 기인하는 것으로 분노는 타인들을 향해 표출되기 시작한다.

분리된 유형 (disconnected type)

에니어그램의 관점에서 각 유형은 부모 또는 양육자와의 대상관계에서 주관적으로 지각한 아동기의 기원에 대한 관점을 제시한다. 각각의 성격유형은 크게 좌절그룹, 거절그룹, 애착그룹으로 분류한다. 그중에서 아동기에 양육자가 자신의 요구를 들어주지 않아 부모로부터 분리되었다고 느끼는 유형을 1, 7, 4로 보고 좌절그룹이라고도

한다.

이중 1번 유형은 양육자의 태도 중 아버지의 역할을 한 양육자와 분리되는 경험을 하게 된다. 아버지가 원칙, 깨끗함을 강조했는데 아버지 스스로도 다 지키지 못한 것을 보게 된다. 질서를 지키라고 해놓고 신호등을 무시하는 아버지를 보면서 1번 유형 아이는 아버지와 분리하게 된다. 7번 유형은 엄마와 분리됐다는 경험을 했다고 지각한다. 유아는 엄마가 즐겁게 해주기를 원한다. 엄마에게서 즐거움을 찾지 못해서 좌절을 겪고 스스로 찾아 이리저리 가게 된다. 4번 유형은 부모 양쪽이 내가 누구인지 알려주지 않는다. 그래서 부모에게 좌절하고 스스로의 정체감에 몰두하게 된다. 이러한 아동기의 경험은 아동의 주관적인 경험이며 1, 7, 4유형이 더 특별하게 지각하여 자기의 성격을 형성하는데 영향을 준다. 그러나 부모들이 아동의 요구를 완벽하게 채워주지 못하므로 우리 모두 안에 있는 경험이기도 하다.

분석 심리학 (analytical psychology)

융이 창안한 무의식을 탐구하는 심층심리학의 하나이다. 인간의 정신구조를 의식과 무의식으로 구성되어 있다고 보았고, 특히 무의식을 개인적 경험이 억압된 '개인무의식'과 인간의 가장 원초적인 행동유형인 원형들로 구성된 '집단무의식'으로 구분하였다. 집단무의식 원형은 시대와 민족 및 인종을 초월한 인간의 집단적 정신의 내용을 알려주는 것으로 개인에게 보편적 인간의 심성으로 나아가도록 안내하는 기능을 한다. 분석심리학은 의식의 일방향성을 경고하고 정신의 통일성을 실현하게 하는 무의식의 자기원형의 메시지를 읽어서 개인이 개성화를 실현하도록 하는 데 심리치료의 목표를 둔다.

분열 (disintegration)

건강하지 못하고 신경질적인 성격으로 성격의 미숙함을 나타내기도 하며, 스트레스와 긴장상태에 있을 나타나는 성격을 말하기도 한다. 분열되면 점진적으로 우리의 본질과 영적인 능력을 실현할 수 있는 가능성을 상실하게 된다.

분열성 성격장애 (schizoid personality disorder)

타인과의 친밀한 관계형성에 관심이 없고 감정표현이 부족하여 사회적 적응에 현저한 어려움을 나타내는 성격장애이다. 사회적 관계에서 고립되어 있고 대인관계 상황에서 감정표현이 제한되어 있는 특성이 성인기 초기부터 생활전반에 나타나며, 다음의 특성 중 4개 이상의 항목이 해당되면 진단을 내린다. 친밀한 관계를 원하지 않음, 혼자서 하는 활동선택, 성경험에 무관심, 있더라도 소수의 활동에서만 즐거움을 얻음, 직계가족 이외에 가까운 사람이 없음, 타인의 칭찬이나 비평에 무관심, 정서적인 냉담함(DSM-IV, 1994).

분열형 성격장애 (schizotypal personality disorder)

사회적으로 고립되어 있으며 기이한 생각이나 행동을 나타내어 사회적 부적응을 초래하는 성격장애를 말한다. 친밀한 대인관계에 대한 고통, 그러한 관계를 맺는 제한된 능력에서 드러나는 사회적, 대인관계에서의 손상, 인지적, 지각적 왜곡, 기인한 행동 등 광범위한 양상으로 표현된다. 성인기 초기에 시작되며 다음의 특성 중 5개 이상의 항목을 나타내면 진단을 내린다. : 관계망상과 유사한 사고, 행동에 영향을 미치는 괴이한 믿음이나 마술적 사고, 신체적 착각을 포함한 유별난 지각경험, 괴이한 사고와 언어, 의심이나 편집증적인 사고, 부적절하거나 메마른 정동, 괴이하고 엉뚱하거나 특이한 행동이나 외모, 가까운 친구나 마음을 털어놓을 친구가 없음, 과도한 사회적 불안(DSM-IV, 1994).

불가지론 (unknown ability)

사물의 본질이나 궁극적 실재의 참모습은 사람의 경험으로는 결코 인식할 수 없다는 이론이다.

불균형 (imbalance)

발달수준 4수준에 해당하는 것으로 자신의 최상의 관심과 발달을 침해하는 중요한 특성 기질에 압도당한 결과로서 자아가 고양되고 방어가 증가하는 단계를 말한다. 이 수준은 개인의 심리적 '막다름'이 하강하는 시점으로, 만약 이에 저항해내지 못한다면 내적 정신적 갈등과 대인 갈등이 증가하게 된다(Riso, 1996).

불변성 (unchangeability)

성격에 대한 기본가정의 하나로 인간의 성격은 변하지 않는다고 본다. 이는 에니어그램의 기본성격유형은 변하지 않는다고 보는 관점이다.

불안 (anxiety)

에니어그램 5, 6, 7번 유형들은 불안감이 주요 지배정서이다. 이들은 지원과 안내의 부족을 경험했기 때문에 자신에게 안정을 준다고 믿는 일을 하려한다. 그리하여 5번은 정보 수집을 통하여, 6번은 규칙을 엄수함으로써, 7번은 즐거운 계획으로 도피함으로써 안정감을 얻고 불안을 회피하고자 한다. 이들이 자아를 방어하는 행동의 바탕에는 많은 불안을 가지고 있다.

비이성 (irrationality)

이성에 바탕을 두지 아니하고 이성을 따르지 아니하는 또는 그런 것을 말한다.

비참여 (nonparticipation)

9번 유형의 사회적 하위유형을 뜻하는 말이다. 9번 유형의 사회적 하위유형은 자기가 속해 있는 집단과 연결이 끊어지면 죽음의 상태이다. 따라서 자기가 속해 있는 집단과 갈등이 되지 않고 연결이 되어 있어야 한다. 때문에 집단에 비참여 되는 것은 연결이 끊어지는 것이기 때문에 참여되어 있으려 하는 상태를 의미한다.

사고 (thinking)

기억에 저장된 지식 정보를 사용하는 인지 과정으로 주로 이성적이고 논리적이며 합리적인 결과물을 도출해 내는 과정에서 작동한다.

사고중심 (머리중심, thinking center)

에니어그램에서 제시하는 삼원소 중의 하나로 이들의 무게 중심은 머리(뇌)와 신경계이다. 심사숙고 형으로 상황을 분석 생각한 다음에 자신의 위치를 정하므로 모든 상황에서 한걸음 뒤로 물러나게 된다. 행동하기 전 생각하고 잘 아는 사람들과 잘 지내지만 부끄러움이 많은 사람들이다. 이들의 주요 관심사는 '객관적 이치, 논리에 맞는 것을 알아내는 것'이다. 관계를 맺기보다 해야 할 일은 해야 함을 중요시한다. 5번, 6번, 7번 유형은 불안감에 관심을 가진다. 이들은 지원과 안내의 부족을 경험하기 때문에 자신에게 안정을 준다고 믿는 일을 하려고 한다. 이들은 자아를 방어하는 행동의 밑바탕에 많은 불안을 가지고 있다.

사랑의 혼란

'에니어그램 사회: 세상과 영혼을 치료하기(윤운성 역,

2012b)'에서 나란조는 에니어그램 성격유형들이 어떻게 사랑에서 표현되는지와 각 성격병리 유형에 따라 어떻게 사랑이 좌절되고 왜곡되어 이에 따라 나타나는 병폐에 대해 기술하고 있다. 각각의 사랑의 혼란은 열정적 사랑, 자애적 사랑, 병적 사랑, 애정의 결핍, 순종적이고 온정적인 사랑, 쾌락적 사랑, 지배적 사랑, 현실에 안주하는 사랑, 우월한 사랑이다.

사색가 (thinker)

5번 유형의 이해를 돕는 명칭이며 지각력이 있고 사색적인 유형이다. 성격적 특성은 경각심과 통찰력이 있고 호기심이 많다. 복잡한 생각이나 기술을 발전시키는데 집중하는 능력이 있다. 독립심이 강하고 혁신적이며 독창적이다. 자신의 생각과 상상 속의 구성에 몰두하기도 한다. 초연하기도 하지만 일에 집착하고 열심히 한다. 일반적으로 그들은 비정상적인 행위, 허무주의, 고립으로 고민한다. 끈기가 있고 현명하며 분석적 태도를 갖고 있는 반면 지적인 오만함과 흠잡기 좋아하고 내성적이다.

사회변혁주의자(1w2) (the Advocate)

에니어그램에서 날개유형의 개념을 파악하고 나면 1w2번 유형을 이해할 수 있다. 장형인 1번 유형의 사람이 가슴형 2번 유형의 날개를 좀 더 취하여 살아가는 유형으로 사회변혁주의자의 성격을 보여준다. 1w2인 사회변혁주의자는 가슴형의 특징을 보완하여 좀더 이타적으로 남을 생각하고, 사람과 일의 조화를 이루며 살아갈 수 있다. 또한 직감과 느낌으로 일을 만족스럽게 수행할 수 있는 성격유형이 된다. 하지만 이 유형의 사람이 조심해야 할 것은 자신의 필요를 생각하는 것이다.

사회의 병폐

'에니어그램 사회 : 세상과 영혼을 치료하기(윤운성 역, 2012b)'를 보면 오늘날의 사회적 병폐를 에니어그램의 관점에서 진단하고 건강한 사회를 위해서는 에니어그램의 지혜가 필요함을 설파하고 있다. 각 개인의 질병과 같이 사회적 기능 장애가 곧 사회적 병폐로 연결된다. 에니어그램의 시각에서 사회적 병폐를 나란조는 다음과 같은 사회의 병폐에 대해 기술하고 있다. 각각의 사회의 병폐는 잘못된 사랑, 상업주의, 의존성, 반사회성과 사회적 무질서,

권위주의, 부패와 가벼운 태도, 폭력과 착취, 현상유지라는 타성, 억압이다.

사회적 가치 (social value)

발달수준 3수준에 해당하는 것으로, 성격은 여전히 건강한 상태이다. 개인의 자아가 2차적인 두려움과 바람에 압도당한 반응으로서 보다 적극적인 상태가 되고 특정한 페르조나를 갖게 되는 상태를 말한다. 동시에 2수준에서 타인과 상호작용할 때 나타내는 건강한 사회적 특성이 드러나기도 하는 단계이다. 성격, 자아방어가 활동적인 반면 개인은 기본적 두려움을 극복하고 기본적 바람에 적절하게 행동함으로써 심각하게 불균형으로 떨어지지 않고 1수준 기능을 획득할 수 있다(Riso, 1996).

사회적 하위유형 (SO : social subtypes)

집단이나 구성원과의 관계를 중요하게 생각하고 추구하기 때문에 단체나 지역 관계에 관심이 있다. 타인과의 관계에 초점이 맞춰져 있고 집단행동에 참여 했을 때 가치있고 존경받는 느낌에 초점이 맞춰져 있다 그들은 일반적으로 사람들과 함께 있는 것을 좋아하며 자극받기를 좋아

한다. 사회적 정의 이슈는 그들이 사회전체 속에서 일부라는 것을 깨닫게 한다. 여기에는 일, 가족, 취미, 클럽 등이 해당되며 기본적으로 공동의 목적을 가지고 사회적 유형이 관계하는 모든 활동 무대가 포함된다.

삼원소 (triad)

에니어그램에서 삼원소는 인간의 근원적인 심리적 기원이 어디에 있는지에 따라 감정삼원소, 사고삼원소, 본능삼원소로 분리한다. 즉 자신의 감정이나 자아이미지가 긍정적인 특징을 가지고 있는지, 부정적인 특성을 가지고 있는지에 따라 좌우된다면 감정삼원소에 속한다. 또는 자신의 사고과정이 어떤지 안전에 대한 자신의 생각이 어떤지에 기울어진다면 사고삼원소에 속한다. 장 본능을 가지고 있고 세상과 관계를 맺는 방법에 관심이 있다면 본능삼원소에 속한다.

상위 감정 (higher emotion)

구르지예프는 머리, 가슴, 장으로 이루어진 사람의 신체 위에 또 다른 층[(4층), 장은 1층, 가슴은 2층, 머리는 3층으로 봄], 즉 상위감정과 상위사고가 있어서 우리가 본능이나 태도대로 행동하지 않도록 관리하는 역할을 한다고 보았다. 이때의 상위감정은 이카조가 말하는 미덕과 내용 면에서 같다고 볼 수 있다. 상위감정은 보이지는 않지만, 그 개인의 정서와 행동에 영향을 미친다. 예를 들면, 불쌍한 사람을 보고 불쌍한 마음과 도움을 주고자 하는 마음이 드는 것과 같은 것이다.

상위 사고 (higher thinking)

구르지예프는 머리, 가슴, 장으로 이루어진 사람 신체의 사고 위에 상위사고가 있다고 보았다. 에니어그램은 육신에 한정되지 않으며, 상위사고(영성)에 연결되는 다리역할을 한다고 보았다. 이때의 상위사고는 이카조가 말하는 신성한 사고(Holy Ideas)와 내용 면에서 같다고 볼 수 있다. 상위사고는 보이지는 않지만, 그 개인의 태도, 신념, 정보, 생각에 영향을 미친다. 구르지예프는 "인간의 육신은 기계와 같다"고 하였는데, 상위감정이나 상위사고의 영향이 없다면 육신대로 기계처럼 사는 것이 된다.

상위 중심 (higher center)

사고, 감정, 본능의 하위중심이 있듯이, 상위감정과 상위생각이라는 상위중심이 있다. 상위감정과 상위사고의 영향이 없다면 육신대로 살아가는 것이며, 사고, 감정, 본능의 하위중심이 너무나 왜곡되고 균형을 잃으면 상위감정, 상위생각으로 전달되지 않아 상위중심이 불균형 된다. 그리하여 본질로부터 멀어지게 된다.

※ 각 유형의 신성한 사고 : 1번 유형(신성한 완전), 2번 유형(신성한 의지), 3번 유형(신성한 희망), 4번 유형(신성한 기원), 5번 유형(신성한 전지), 6번 유형(신성한 믿음), 7번 유형(신성한 계획), 8번 유형(신성한 진리), 9번 유형(신성한 사랑) (윤운성, 2004)

※ 각 유형의 열정 : 1번 유형(분노), 2번 유형(교만), 3번 유형(기만), 4번 유형(선망), 5번 유형(탐욕), 6번 유형(겁), 7번 유형(탐닉), 8번 유형(오만), 9번 유형(태만) (윤운성, 2001).

상징 (symbol)

상징이란 우리가 알 수 없는 것을 알 수 있는 것으로 구현해서 말해주는 것으로 우리가 다가갈 수 없는 영역과 우리를 이어주는 매체로서 기능을 가지고 있다. 융은 상징은 정신의 표현이며 인간성의 모든 면의 투영이자 민족적, 개인적으로 획득하여 저장된 인류의 지혜이며, 상징에 포함된 메시지는 인간에게 직접적으로 알려져 있지 않고 그것을 알기 위한 해독의 과정이 필요하다고 하였다(이한영, 2002). 에니어그램은 고대로부터 내려오는 우주와 인간의 문제를 다루는 상징의 체계이다.

상호관계전략 (mutual relation strategies)

자아의 유형을 인식하고 통합과 균형의 방향으로 성장해 가기 위해 자아의식의 에너지를 높이며 동시에 타인의 유형을 인식하므로 그들과 함께 할 수 있는 방법을 행하는 것을 의미한다.

생식기 (genital stage)

여아의 경우 약 11세 남아의 경우 약 13세부터 제 2차 성징이 나타나며 더불어 강력한 성적 에너지가 분출되는 생식기(genital stage)에 접어들게 된다. 안나 프로이트(Anna Freud)에 의하면 이 시기 소년 소녀들은 이전의 오이디푸스적 감정에서 자유로워지기를 바라며 이러한 욕구가 부모로부터 도주하고 부모를 경멸하는 표출양상으로 나타나게 된다고 했다. 기존의 권위에 대한 청년기 저항과 비판적 특성은 이러한 측면에서 설명될 수 있다.

생존본능 (survival instinct)

생존본능은 하위유형(subtypes) 또는 생존기제(survival mechanism)를 의미한다. 에니어그램에서는 9가지 기본 성격 유형이 있고 각자는 서로 다른 동기부여, 힘, 욕망이 있다고 주장한다. 하지만 각 유형은 우리의 가장 기본적인 생존 본능에 뿌리를 둔 세 가지 타입으로 다시 분류된다. 그것은 자기보존, 성적, 사회적 하위유형이며 9가지 성격유형과 조합으로 27가지의 하위유형으로 분류된다.

선망 (envy)

4번 유형의 악덕으로 자신들 보다 다른 사람들이 너무 정상적이고 소속감을 가지며 쉽게 사는 것처럼 보이기 때문에 그들을 끝없이 질투한다.

선호중심 (preferential center)

우리의 감각을 통해 들어온 정보를 해석하는 방식이다. 처음에는 사고, 감정, 본능의 세 중심이 동등하게 만들어졌지만 한 중심이 감각을 통해서 받아들인 정보를 해석하기 위해 움직여갈 때 불균형이 일어난다. 그래서 결국 우리는 습관적으로 이 중심의 가치를 통해서 삶의 모든 면을 보고 해석하게 된다. 이것은 환경에 대한 자연스러운 반응이 되어버린다. 우리는 욕구를 충족시키고 사랑을 얻기 위해 특정한 방식으로 주변의 사람들 및 환경과 교류한다. 우리는 환경으로부터 바람직한 반응을 끌어낼 수 있는 어느 하나의 중심을 더 많이 사용한다. 이것을 선호된 중심이라 부른다.

성격 (personality)

"사고와 감정을 포함하는 것으로 환경에 관계되어 개인의 독특성, 일관성, 패턴에 대한 어떤 것"으로 규정하고 있다(Mischel, 1986). 에니어그램도 강력하고 역동적인 성격시스템으로서 명백한 지각필터에 기초하여 사고, 느낌, 행동에 대한 9가지 독특성과 패턴으로 기술하고 있다(Daniels & Price, 2000).

성격심리학 (personality psychology)

인간의 개인차를 다루는 이론연구, 평가로 이루어진 심리학의 한 분야이다. 즉 인간의 개인차에 대한 일반적인 법칙과 특정한 개인을 이해하는 데 필요한 지식과 기법을 다룬다.

성격이론 (personality theory)

에니어그램의 성격이론은 왜 그런 행동을 하는 지(psychodynamic theory; 심리역동이론, Freud, Fromm, Erikson), 9가지 성격의 타고난 선호성을 강조하며(Trait approach; 특성이론, Sheldon, Jung, Cattell, Eysenck), 건강한 발달을 위해 통합하여 지금여기에 초점을 두며(Phenomenological approach; 현상학적 접근, Allport, Lewin, Rogers, Kelly), 의식적 행동훈련을 통해(Behavioral appoach; 행동주의적 접근, Pavlov, Skinner, Bandura, Beck), 복잡한 인간행동의 인지 정서적 접근(Cognitive-affective personality system; 인지정서경격시스템)을 포함한 제이론을 통합하고 있다(윤운성, 2009).

성격장애 (personality disorder)

개인이 문화적 기대로부터 심하게 벗어난 지속적인 내적 경험과 행동 양식을 보이는 것으로서, 광범위하고, 굳어 있고, 청소년기 또는 성인기 초기에 시작되며, 시간이 지나도 변하지 않고 이로 인해 고통과 장해가 초래되는 행동양상을 말한다. DSM-IV에서는 성격장애를 열 가지로 분류하고 세 군집으로 나누었다. A군 성격장애는 편집성 성격장애, 분열성 성격장애, 분열형 성격장애로, B군 성격장애는 반사회성 성격장애, 연극성 성격장애, 경계선 성격장애, 자기애성 성격장애로, C군은 회피성 성격장애, 의존성 성격장애, 강박성 성격장애로 구분하였다(DSM-IV, 1994).

성장전략 (growth strategies)

개인적인 차원에서 심리적으로 안정되고 통합의 방향으로 진행되는 것을 의미하며 이는 자아의 성장으로 타인의 존재도 긍정적으로 성장하는 것을 의미한다.

성적 하위유형 (SE : sexual subtypes)

일대일의 개인적 친밀감을 좋아하고 매력적인 사람이 되고자 추구하기 때문에 사적이고 일대일 관계에 관심이 있다. 이 성적 유형의 사람은 강렬한 경험에의 욕구가 있다. 꼭 성적 경험을 말하는 것은 아니고 그와 비슷한 강렬함을 주는 행동들을 말하는 것이다. 그들은 힘이 있고, 경쟁적이며, 집중적이며, 특별한 사람으로부터 사랑을 받거나 관심을 받는 데 열중한다. 따라서 이 유형의 대부분의 사람들은 무리보다는 1:1로 의사소통하는 것을 선호하며 접촉의 강도와 친밀감에 대한 욕구의 강도가 중요하다.

성취자 (achiever)

3번 유형의 이해를 돕는 명칭이며 융통성이 있고 성공지향적인 유형이다. 성격적 특성은 자신감 있고 사람의 마음을 끌며 매력적이다. 야망이 많고 유능하고 에너지가 넘치며 자신의 위치를 늘 염두해 두며 발전을 위해 항상 노력한다. 대체로 교섭에 능하고 침착하지만 자신의 이미지와 남들이 생각하는 자기 자신에 대해 지나치게 고민하기도 한다. 일반적으로 그들의 문제점은 일중독과 경쟁심에서 비롯된다.

소우주 (micro cosmos)

인간은 대우주를 구성하고 있는 소우주로서의 귀한 존재이다. 인간을 이해하는 것과 우주를 이해하는 것은 긴밀하게 연결되어 있으며, 결국 하나라고 할 수 있다. 따라서 인간의 의식이나 행동과 삶 그리고 존재에 대하여 이해할 때 우주와 세계에 대한 이해 사이의 균형과 조화를 추구해야 하는 것이다.

소유/굴복 (possession/surrender)

8번 유형의 성적 하위유형을 뜻하는 말이다. 8번 유형의 성적하위유형은 자기를 통제하려고 하는 대상이 있으면 죽음의 상태이다. 따라서 통제를 하려고 하는 대상과 끊임 없는 싸움을 하게 된다. 때문에 통제하려고 하는 대상에게 자기가 통제를 하면 소유하고 통제를 당하면 내맡겨 버리는 상태를 의미한다.

쇼크포인트 (shock point)

평균범위와 불건강한 범위 사이의 경계가 되는 구역으로 성격이 보통수준에서 불건강수준으로 악화되는 것을 제어하는 역할을 한다. 따라서 사람들이 불건강해지지 않은 상태로 여러 해 동안 보통 범위 안에서 자신의 역할을 하게 되는데, 이 경계가 되는 구역을 의미한다(Riso & Hudson, 1999)

수동공격성 성격장애 (passive-aggressive personality disorder)

사교적 상황과 직장 모두에서 다른 사람들의 요구에 대해 간접적으로 저항한다. 공격성을 위장한 것이라고 생각되는 이 저항은 철저한 완고함과 무기력의 형태를 취한다.

그들은 습관적으로 약속에 늦고, 전화응답도 하지 않고, 늑장부리며, "잊어버린다." 이런 지속적인 행동 패턴은 보통 결혼생활의 불화, 승진에서 탈락하는 것 같은 문제를 부가적으로 야기한다. 충동적 공격적 성격장애자의 게으름은 그들 자신의 분노에 대한 책임을 맡지 않으면서 다른 사람들을 적대적인 방식으로 통제하는 방법이라고 생각될 수 있다(Davisin & Neal, 1986). 이 장애는 DSM-IV 성격장애 하위진단명에서 제외가 되었다.

수동성 (passive)

스스로 움직이지 않고 다른 것의 작용을 받아 움직이는 성질이다.

수용적 (receptive)

출생 후부터 18개월까지의 리비도(libido)가 입 근처에 집중되어있는 구강기에는 마음속에서 입이 차지하는 비중이 다른 어느 신체부위보다 큰 시기이다. 즉 갓난아기의 요구, 소망, 지각, 표현방법 등이 입, 입술, 혀와 그 밖의 입 근처 기관에 집중되어 있는 시기이다. 본능적 욕구로서 입으로 빨고, 삼키고, 뱉고, 깨무는 행동 등으로 쾌감을 느끼는 시기이다. 수용적이며 대상에 대한 개념이 없어 자기애와 자기도취가 특징적으로 나타난다. 그 대표적인 예가 손가락 빨기이다. 이 때 느끼는 감각으로는 젖을 빠는 즐거움, 포만감, 배고픔, 삼키는 것 등이다. 이 시기를 어떻게 보내느냐에 따라 앞으로의 성격형성에 큰 영향을 준다. 이 시기에 고착된 성격형태를 구강기적 성격이라고 하는데, 이 시기에 젖을 만족하게 먹을 수 있고 구강 쾌락을 즐길 수 있으면 성격은 낙천적이며 식도락을 즐기는 성격이 되며, 반대로 그렇지 못한 경우에는 의존성과 배타성, 비꼬기를 잘하고 언쟁을 즐기는 성격이 된다. 이 시기를 적절히 지낸다면 그는 자신감, 관대함, 자급자족, 주고받음, 타인신뢰와 남에게 의존 않는 성격적 기반을 가질 수 있다.

수치심 (shame)

감정 중심 유형들을 지배하는 주요 정서로서 이들은 수치심으로부터 벗어나기 위해 자아이미지라는 수단에 의존하여 스스로가 가치 있다는 느낌을 갖기 위해 노력한다. 2번 유형은 남을 도와주면서, 3번 유형은 성공해서, 4번 유형은 독특함을 이해받음으로서 자아이미지를 구축한다. 즉 이들이 자아를 방어하는 행동의 밑바탕에는 많은 수치심을 가지고 있다.

수피 (Sufis)

이슬람 세계에서의 신비주의자, 신비가. 아라비아어로 양모를 의미하는 수프라는 말에서 유래하며, 양모로 된 옷을 걸친 자가 수피라고 불렸다. 수니파 이슬람의 율법주의、형식주의에 대한 비판에서, 종교적으로 경건한 생활을 보내려는 자가 수피이며, 이슬람 신비주의 사상(수피즘)의 담당자가 되었다. 거의 동일한 의미로 파키르(fakir)라는 말이 이용되기도 하였으며, 이란이나 터키에서는 데르위시(derwísh)라는 말이 이용되기도 하였다.

순응형 (moving toward people)

카렌호나이(Karen Horney, 1885-1952)의 3가지 책략 중 사람에게 접근하는 방식을 취하며, 이들은 다른 사람들과 유대관계를 통해 다른 사람에게 의지함으로써 자신의 가치를 방어해야한다고 느낀다. 남들에게 애정, 의존, 복종을 통해 자기를 보호한다. 에니어그램 성격유형에서는 이에 속하는 유형은 2, 6, 7번 유형으로 보는 테드던(Tad Dunne)의 분류와 2, 6, 1유형으로 보는 돈리소(D. Riso)의 분류가 있다.

슈퍼비전 (supervision)

'super(위에서)'와 'vision(관찰하다)'의 조합으로 '감독하다'의 의미를 갖는다. 즉 슈퍼비전은 상담자의 수행을 감독 혹은 지도하는 활동이다. 슈퍼비전은 전문상담자가 되고자 하는 상담자에게 적절한 직업적 행동을 습득할 수 있도록 도와주는 계속적인 교육과정이라 할 수 있다. 따라서 슈퍼비전은 전문상담자로 성장하기 위한 필수과정이다. 이러한 슈퍼비전의 목적은 상담자의 전문적인 기능을 향상시킴으로써 상담자의 상담기술과 경험부족에서 오는 부작용으로부터 내담자를 보호하는데 있다. 이를 위해 계속적인 자문이나 조언을 통한 상호평가와 피드백이 이루어져야 한다.

습관적인 에너지 (habitual energy)

'우리들 각자의 내면에는 습관적 에너지라고 불리는 강력한 에너지가 있다. 모든 사람들은 자신이 원하지 않는 말과 행동을 하도록 밀어붙이는 습관적 에너지를 갖고 있다.' 우리는 누구나 습관적 에너지를 갖고 있다. 습관적 에너지에 의해 말이나 행동을 하면 타인들과의 관계를 해친다. 우리의 지성과 지식은 습관적 에너지를 처리하는 데 아무 도움이 되지 못한다. 습관적 에너지가 고개를 들 때마다 그것을 확인하고 자각하고 의식적인 행동으로 옮기도록 노력해야 한다. 에니어그램 훈련해서는 습관적인 에너지를 자각하고 의식하여 깨어있는 상태에서 의식적으로 행동을 선택하도록 훈련한다.

식욕 (appetite)

9번 유형의 자기보존 하위유형을 뜻하는 말이다. 9번 유형의 자기보존유형은 자기가 혼자되는 갈등이 있는 상황은 죽음의 상태이다. 따라서 타인과 갈등이 없는 평온한 상황이어야 한다. 때문에 자기와 타인이 갈등이 없이 내면적으로 평온한 상태는 누군가에게 방해를 받지 않으며 신경 쓰지 않고 맛있는 것을 먹는 상태를 의미한다.

신뢰도 (reliability)

동일한 대상을 반복적으로 측정할 때 같은 결과를 가져올 수 있는 정도로, 측정하고자 하는 특성을 오차 없이 정확하게 측정하는 정도이다. 신뢰도는 검사-재검사신뢰도,

동형검사 신뢰도, 반분검사 신뢰도, 문항 내적 합치도 등이 있다.

신성 (holy)

매우 거룩하고 성스러운 인간의 본질을 말한다.

신성한 계획 (holy plan)

신성한 계획은 7번 유형의 신성한 사고이다. 신성한 계획은 실현될 수 있는 계획으로 계획의 보편적인 방식과 특별한 방식을 파악하고 있으며, 개인은 인류의 발전을 위해 맡은 바가 있다고 생각한다. 그리고 좋아하는 활동을 할 때, 그 활동을 하나의 유희로서 즐긴다.

신성한 근원 (holy origin)

신성한 근원은 4번 유형의 신성한 사고이다. 신성한 근원은 자기 자신이 신성한 근원이고 기원이며 이미 독창적이라고 믿는 것이다. 또한 자신의 독특함을 인정하면서 타인의 관점을 존중하고 인정한다. 매우 편안한 상태로 자기 자신, 자신의 뿌리, 자기 존재의 근본과 연결되어 있음을 느낀다.

신성한 믿음 (holy faith)

신성한 믿음은 6번 유형의 신성한 사고이다. 신성한 믿음은 자신이 이미 자기존재에 연결되어 있고, 신뢰받고 있으며 그러한 기반위에 존재하고 있다고 믿는 것이다. 우주가 자신에게 유익함을 제공하고 있다고 믿으며, 세상은 균형 잡히고 믿을만하다고 믿는다. 그리하여 자신의 본질, 정신, 마음뿐만 아니라 자신에게 신뢰를 주는 남들의 진정한 마음과도 만날 수 있다.

신성한 사고 (Holy Idea)

신성한 사고는 이 세상에 태어난 존재의 본질을 이해하고 본질에 대해 진실 되고 구체적이며 이중적이지 않는 관점을 말한다. 신성한 생각은 자아를 초월하는 아이디어로 현재에 깨어 있으며 현실을 있는 그대로 볼 때 자연스럽게 발생한다. 신성한 생각은 고착의 해독제가 될 수 있다. 9가지 신성한 사고(신성한 완전, 신성한 의지, 신성한 희망, 신성한 기원, 신성한 전지, 신성한 믿음, 신성한 계획, 신성한 진리, 신성한 사랑)는 이카조의 아리카연구소로부터 유래된다.

신성한 완전 (holy perfection)

신성한 완전은 1번 유형의 신성한 사고이다. 신성한 완벽은 모든 것이 있는 그대로의 모습으로 완전하다. 신성한 완벽은 침착하고 충분히 이완되어 하위유형이 조화로울 때 가능하다. 참된 완벽 속에는 모든 것이 포함되어 있다. 완벽함을 '과정'으로 인식하며, 진행 중인 일에서 항상 완벽함을 지향한다.

신성한 우주적 사랑 (Universal love)

신성한 사랑은 9번 유형의 신성한 사고이다. 신성한 사랑은 자발적이고 자유로우며 조건 없이 분명한 입장을 취하고 자연스럽게 반응하는 성스러운 사랑이다. 신성한 사랑을 하면 상황에 따라 옳음에 대해 말할 수 있으며 조화와 평화 그 자체이다. 자신과 현실의 있는 그대로에 완전히 만족하며, 사랑받고 있고, 사랑을 받을 만하며, 사랑할 줄 안다고 느낀다.

신성한 의지 (자유, holy will, holy freedom)

신성한 의지는 2번 유형의 신성한 사고이다. 신성한 의지는 다른 사람과 상호의존하며, 자연법 내에서 지나침 없이 주고받으며 살아간다. 또한 조건 없이 필요한 사랑을 제대로 파악해서 주고받는 것 자체가 기쁨이고 축복이 된다. 필요에 의해 '예'와 '아니오'를 적절히 대답할 수 있으며, 자기 자신을 위해서 시간을 할애할 수 있다.

신성한 전지 (holy omniscience)

신성한 전지는 5번 유형의 신성한 사고이다. 신성한 전지에서의 자신의 지혜와 이해력은 경험, 참여, 소속감으로부터 오며, 객관적이고 우주적으로 전체를 보는 시각이다. 자기 자신, 감정, 생각, 시간에 관대하고, 자신의 몸, 감정, 정신을 정확히 파악하고 있다. 세상을 풍요롭게 하기 위해 정신생활을 함께 나눈다.

신성한 진리 (holy truth)

신성한 진리는 8번 유형의 신성한 사고이다. 신성한 진리는 모든 현상의 근원으로서 자기 자신에 대한 앎이다. 따라서 모든 아이디어를 초월하며 모든 아이디어를 형성할 수 있다. 또한 형태가 없으면서 동시에 모든 형태로 나타난다. 세상의 공정함을 믿고, 정의와 공정함을 높이 평가하며 힘의 공정한 분배를 추구하며 힘의 본질을 긍정적으로 활용한다. 매 순간을 새롭게 경험할 줄 알고, 있는 그대로의 삶에 만족한다.

신성한 희망 (holy hope)

신성한 희망은 3번 유형의 신성한 사고이다. 신성한 희망은 자연스러운 인생과정, 사회적인 법칙, 자연법칙과 조화를 이루고, 자신이 멈추어도 세상은 멈추지 않을 것이라는 희망과 신념을 말한다. 꼭 필요한 것만 요구하고, 스스로 일하지 않아도 모든 일이 잘 될 것이라 믿는 것이다.

신체긴장형 (somatotonia)

미국의 심리학자 셸든이 분류한 기질 유형의 하나이다. 에너지가 왕성하고, 주장적이고, 용기 있는 기질 유형으로, 체형에서의 중배엽형(中胚葉型)에 대응한다.

신프로이트 (Neo-Freud)

프로이트의 치료 개념을 그대로 전승하는 고전적 정신분석과는 달리 3개인의 무의식에 큰 비중을 두지 않거나 무의식에 관한 입장을 달리하는 정신치료자 집단이 있다. 이들은 흔히 신프로이트 학파라고 불리는 사람들로서

Alfred Adler, Carl Jung, Otto Rank, Karen Horney, Erich Fromm 등을 들 수 있다. 이들은 인간의 행동을 이해하는 데 성적인 요소보다는 사회적 혹은 문화적 요인들을 강조하였으며, 행동에 영향을 주는 성적 혹은 공격적 충동보다는 자아의 중요성을 강조하였다.

심리성적이론 (psychosexual development theory)

프로이트는 인간의 정신적 활동이 이전의 행동이나 사건에 의해 결정된다고 보았고, 이런 면에서 출생부터 받은 환경이 성격형성에 영향을 미친다고 하였다. 특히, 본능적인 성적 에너지인 리비도가 행동과 사고의 동기가 된다고 간주하였고, 이것이 성격발달의 기본원칙으로 보았다.

심리역동이론 (psycho dynamic theory)

심리역동이론에서는 인간의 어떤 특정한 행동이 지속적이고 독특한 유형을 갖는 것은 인간 내부의 의식적 무의식적 요인간의 역동적인 상호작용의 결과라고 보고 개인의 보편적인 성격보다는 특이한 성격속성과 이를 지배하는 무의식적인 동기를 연구한다. 성격에 관한 심동이론은 프로이트에 의하여 집대성 되었으며 그는 인간의 마음을 빙

산에 비교하였다.

심리적 기능 (psychological function)

융의 유형론에는 4가지 심리적 기능이 있는데 정보수집 즉 인식기능과 결론에 도달하는 방식 즉 판단기능을 말한다. 모든 개인은 4가지 심리적 기능을 사용하고 또 사용할 수 있은데, 즉 감각, 직관, 사고, 감정을 말한다.

심리적 능력 (psychological capacity)

발달수준 2수준에 해당하는 것으로, 성격은 건강한 상태이다. 개인이 자신의 기본적 두려움에 압도되면 보상을 위하여 하나의 기본적 바람이 나타나기 시작하는 단계이다. 이 수준에서는 자아와 자아의 방어결과로서 기본적 두려움에 압도당함으로써 생기는 불안에 대한 대처 반응을 발달시키기 시작한다(Riso, 1996).

심리적 성장 (psychological growth)

에니어그램에서 말하는 심리적 성장이란 의식수준의 발전을 의미한다. 의식수준이 발전하기 위해서 통합과 분열이라는 개념을 알아야 하는데, 각 유형의 사람이 1 → 7 →

5 → 8 → 2 → 4 → 1의 방향으로 성격이 나아가면 통합방향이라고 하고, 반대로 1 → 4 → 2 → 8 → 5 → 7 → 1의 방향으로 성격이 나아가면 분열방향이라고 한다. 심리적 성장이란 통합방향으로 나아가 한 개인의 내면에 머리, 가슴, 장의 세 가지 힘 중심이 골고루 분포하고, 더 나아가 9가지 신성이 고루 발현되는 것을 말한다.

심리적 자유 (psychological freedom)

타인으로부터 오는 외적 압력이나 문화적 가치나 통제에 지배당함 없이 내적인 평정심과 자율성을 갖춘 상태를 말한다.

심리적 퇴보 (psychological decay)

에니어그램에서 말하는 심리적 퇴보란 의식수준의 퇴보를 의미한다. 의식수준이 퇴보한다는 의미는 심리적 성장에서 보는바와 같이 1 → 4 → 2 → 8 → 5 → 7 → 1의 방향으로 분열방향으로 성격이 나아가는 것을 의미한다. 분열방향으로 성격이 나아가는 것은 한 개인의 내면에 에니어그램에서 말하는 9가지 신성(장점)이 발현되는 것이 아니라 9가지 악덕(단점)이 자리하는 것을 말한다. 사람은 누구나 스트레스 상황에 처하면 의식수준이 낮아지는 심리적 퇴보를 겪는다.

아동기 기원 (childhood origin)

프로이트, 융, 호나이 등을 포괄하는 심리학적 보편적인 상징이다. 이러한 변증법적 접근은 초기경험의 발달적 접근을 취한다. 유아는 최초에 부모에 대해 긍정적, 양가적, 부정적 감정을 가지고 있다. 유아의 양친에 대한 자세는 성격결정의 중요한 요소이며 또한 성격유형은 최종적으로 문화에 영향을 미치고 이러한 문화는 또 다시 양친의 양육방식에 영향을 미친다. 즉, 사람, 가족, 문화는 서로 상호의존한다. 어린 시절 부모의 애정을 경험한 정도가 성격형성과 성격 유형 결정에 큰 영향을 끼치게 된다. 그러나 어린 시절의 패턴이 그 성격유형을 만든 것은 아니다. 어린 시절에 관찰되는 경향이며 성인이 되었을 때 인간관계를 형성하는데 큰 영향을 주게 되는 것이다.

악덕 (vice)

인생의 성취와 모순되는 것과 결부된 것으로 인생에 대해 편협한 견해를 갖는 것이다.

에니어그램에서는 미덕의 반대되는 개념으로 열정(passion)이라고도 한다. 유형마다 9가지의 기본적 두려움에 의해 나타나는 강박행동적 안덕 상태를 가지고 있다.

분노(1번), 교만(2번), 기만(3번), 선망(4), 탐욕(5), 겁(6), 탐닉(8), 욕망(8), 게으름(9)

안전/평온 (serenity)

3번 유형의 자기보존 하위유형을 뜻하는 말이다. 3번 유형의 자기보존유형은 자신이 성공한 이미지로 보이지 않으면 죽음의 상태가 된다. 따라서 자기 자신이 자신의 분야에서 능력이 있고 성공한 사람의 모습을 보여야 한다. 때문에 자신의 내면에서 성공한 사람의 이미지를 갖고 있는 평온한 상태를 의미한다.

애착 (attachment)

애착은 안정적인 관계를 유지하려는 에고의 욕망이다. 그 대상이 사랑이든 직업이든 자아 이미지든 감정 상태이든 간에 우리에게 서로 잘 맞는 것을 원한다. 애착에 근거를 둔 집단에는 3번 유형, 6번 유형, 9번 유형이 속해 있다.

야망 (ambition)

2번 유형의 사회적 하위유형을 뜻하는 말이다. 이는 자기가 속해 있는 집단에서 사랑을 받지 못하면 죽음과 같은 상태를 의미한다. 따라서 자기가 속해 있는 집단에서 사랑을 받는 상태가 되어야한다. 때문에 사회적 하위유형의 2번은 야망을 가지고 집단에서 모든 사람에게 사랑을 받고 지지해주는 것으로 영향력을 가질 수 있는 상태를 추구한다.

약점 (weakness)

모자라서 남에게 뒤떨어지거나 떳떳하지 못한 점으로 주로 각 성격유형이 두려움과 욕망의 상태에 있을 때 나타난다. 에니어그램에서 각각의 유형은 기본적 두려움으로 인한 자신이 아닌 모습에 집착함으로써 9가지의 약점을 가지게 된다.

양가적 유형 (ambivalent type)

에니어그램의 관점에서 각 유형은 부모 또는 양육자와의 대상관계에서 주관적으로 지각한 아동기의 기원에 대한 관점을 제시한다. 각각의 성격유형은 크게 좌절그룹, 거절그룹, 애착그룹으로 분류한다. 그중에서 아동기에 양육자가 자신의 요구를 들어주지 않아 부모로부터 거절 또는 거부되었다고 지각하는 유형을 2, 8, 4로 보고 양가적 유형이라고도 한다.

좋기도 하고 싫기도 하고, 사랑하기도 하고 밉기도 한 것처럼 감정이 엇갈리는 경우를 양가적이라고 한다. 양친 부모와 양가적인 어린이가 에니어그램 5번 유형이 된다. 부모와의 관계에서 애증이 엇갈린 상태로 자라난 어린이들은 궁금증이 많아서 질문을 많이 하고 따지고 싶고 분석적이 되고 지식을 채우고 싶어진다. 그래서 남들이 보기에는 아는 것이 많은 것 같아도 어려워진다. 아버지와 양가적인 어린이가 2번 유형이 된다. 아버지의 사랑을 편하게 받아들이지 못한 결과로 아버지의 사랑을 더 받기 위한 숨은 동기 때문에 아버지의 필요를 충족시키려 노력하게 된다. 따라서 2번은 자기 자신의 필요는 부정하고 아버지의 필요를 충족시켜야만 사랑을 더 받을 수 있을 것처럼 생각하기에 이르고 이것이 마침내 격정으로 형성하게 된다. 어머니와 양가적인 어린이는 8번 유형이 된다. 어머니의 사랑을 자연스럽게 받아들이지 못하게 되거나 어머니가 편하지 않기 때문에 어머니로부터 일찌감치 독립하게 된다. 어머니로부터 독립했으니까 또래 아이들이 우습게 보인다. 그래서 명령하고 통제하게 되며 강자로 군림하려 하고 그런 이미지를 고수하려 한다.

이들 유형은 이미 부모 또는 양육자로부터 거절되었다

고 지각하고 8번 힘을 통하여, 2번 필요한 사람이 되고자, 5번 모든 것을 알고자하는 자신의 특성을 더욱 고수하게 된다. 그러나 부모들이 아동의 요구를 완벽하게 채워주지 못하므로 우리 모두의 내면에 있는 경험이기도 하다.

양심 (conscience)

우리가 추구하는 사회적 이상이나 처벌을 포함하는 도덕적 측면이나 양심의 일부분을 의미하는 개념이다. 좋은 행동에 대해서는 보상을 하고 나쁜 행동에 대해서는 처벌을 하는 사회적 법칙이나 관습에 따라 사람들이 행동하도록 기능한다.

억압 (repression)

불안에 대한 일차적 방어기제이다. 가장 흔히 쓰는 방어로서 의식에서 용납하기 힘든 생각, 욕망, 충동들을 무의식 속으로 눌러 넣어 버리는 것이다. 억압을 통해서 자아는 위협적인 충동, 감정, 소원, 환상, 기억 등이 의식되는 것을 막아준다. 특히 죄의식, 창피, 또는 자존심의 손상을 일으키는 경험들은 고통스러운 불안을 일으키므로 특히 억압의 대상이 된다. 2번 유형이 취하는 방어기제로 부정적이고 상대가 기분나빠할 얘기하는 것에 상당히 난처해 하고 그런 말을 하고 싶은 자신의 마음을 억압한다. 그 대신 간접적으로 강요하거나 죄책감을 불러일으키게 한다.

억압중심 (segregated center)

감각을 통해 들어 온 정보를 어떻게 처리하느냐, 즉 정보를 받아들여 해석한 후에 어떻게 그것으로부터 의미를 취하느냐는 것이다. 한 중심을 통하여 습관적으로 정보를 해석함으로써 우리는 내면에 불균형을 만들어낸다. 또한 해석한 정보를 처리하는 과정에 있어서도 불균형이 일어난다. 이것은 그 정보에 의미를 부여하는 일이다. 우리가 세 중심 모두를 사용해 정보를 처리할 수 있다면 가장 바람직할 것이다. 그러나 어린시절에 입은 상처 때문에 세 중추를 모두 사용하는 것은 불가능하다. 상처받은 중심은 배경으로 물러난다. 그리고 받아들인 정보를 처리하는 과정에 참여할 수 없게 된다. 이러한 것을 억압된 중심이라고 한다. 3, 6, 9번 유형은 주 기능을 억제하기 때문에 더 통합으로 가기가 어렵다. 자신의 힘의 중심을 찾아내야 한다.

에고 (ego)

자아(ego)는 자신의 본질을 떠나 외부세계를 지향하여 생존하려 한다. 따라서 자아의 기능은 현실원리(reality principle)의 지배를 받아 적절한 대상과 환경조건이 발견될 때까지 검증하고 긴장방출을 지연시키기도 한다. 즉 자신의 안전을 위한 유기체의 보존의 임무를 가지고 있다. 생존을 위해 지나치게 현실원리에 의해 이성적이고 현실적인 삶으로 향하게 한다. 에니어그램의 각각의 유형별 태도와 행동은 무의식적 동기에 의해 습관적인 정서와 행동으로 표출된다. 즉 1번 유형(개혁가)이 지나치게 완벽해지려고 하는 것은 현실세계와 사람들로부터 완벽함을 통해 자신의 영역을 끊임없이 유지하기 위해 긴장하는 정서적 분노를 포함하고 있다. 또한 2번 유형(조력가)이 무의식적인 인정과 사랑을 위해 현실세상(현실원리)에서 습관적으로 타인의 욕구를 따라 인정받고자 정서적 교만함으로 접근하려는 경향이 있다. 이러한 현상은 각각의 유형이 본질에서 멀어져 왜곡되고 분열됨으로써 9가지의 악덕(열정)을 낳게 된다. 다시 말하면, 각각의 악덕이 증가하면서 자신의 본질에서 더욱 멀어져 자신이 구속되어 자유롭지 못하게 되다. 결국 의식수준(발달수준)이 낮아져서 자유롭지 못하고 시야가 제한되어 에고에 구속된다. 따라서 나라고 착각하는 현실적 에고의 옷에 구속당하지 말고 자신의 본질에 접근하여 자유롭게 통합적인 성격을 유지하도록 노력해야한다.

에니어 (ennea)

희랍어로 9를 뜻한다.

에니어그램 인간본성 (enneagram human nature)

에니어그램의 이론적 관점은 타고난 결정론, 이성적으로 이해가능하며, 전체적 통합적 측면을 강조하고, 유전적 구성주의를 지지하며, 타고난 기본성격의 불변성, 주관적 건강, 능동적 자극의 선택을 통해 균형과 통합의 동질성에 초점을 두고, 복잡하지만 가능한 지식을 체계화하고 있어 자기지식(Self-knowledge)을 통해 자기 변형 할 수 있다고 본다.

에니어그램 (enneagram)

어원적으로 '에니어(ennea, 9)'라는 단어와 '그라모스(grammos, 도형, 선, 점)라는 단어의 합성어이다. 즉 에니어그램은 그리스어로 '아홉 개의 점이 있는 그림'이라는 뜻이다. 원과 아홉 개의 점, 그리고 그 점들을 잇는 선으로만 구성된 단순한 도형이지만 그 안에는 우주의 법칙과 인간 내면의 모든 것이 상징적으로 표현되어 있다. 성격시스템으로서 명백한 지각필터에 기초하여 사고, 감정, 행동에 기초하여 독특한 9가지 유형으로 분류된다. 성격심리학적 의미를 넘어 영성과의 접근을 포함하고 있다(윤운성, 2004a; 2004b).

엔터테이너(7w6) (the Entertainer)

에니어그램에서 날개유형의 개념을 파악하고 나면 7w6번 유형을 이해할 수 있다. 7번 유형의 사람이 6번 유형의 날개를 좀 더 취하여 살아가는 유형으로 엔터테이너의 성격을 보여준다. 7w6인 유형은 6번 유형의 날개를 취할 때 어떤 계획을 하는데 현실성을 가지게 되고 과도한 행복, 쾌락추구가 완화된다. 그리고 좀 더 직접적이고 자신감 있는 사람이 되고 고통을 잘 참게 된다. 하지만 이 유형은 사람이나 물건의 강제적인 수용을 조심해야 한다.

역동적 (dynamic)

동기 및 다양한 유형의 원인으로 지속적으로 발생하는 변화의 흐름에 초점을 두어 서술하는 것.

연합된 유형 (connected type)

에니어그램의 관점에서 각 유형은 부모 또는 양육자와의 대상관계에서 주관적으로 지각한 아동기의 기원에 대한 관점을 제시한다. 각각의 성격유형은 크게 좌절그룹, 거절그룹, 애착그룹으로 분류한다. 그중에서 아동기에 양육자와 연결되어 있다고 지각하고 애착을 느끼는 긍정적 유형을 3, 6, 9번 유형이라 한다.

3번 유형은 엄마가 원하는 것은 다하는 모에 대한 긍정적인 유형이다. 6번 유형은 아버지와 긍정적으로 아버지가 이야기하는 권위 사회질서와 밀접하게 연결되어있다. 9번 유형은 부모 모두에게 다 받아들이며 성장하게 된다. 그러나 엄마와 아빠와 연결하려니까 너무 힘이 들어서 멀리 도망을 간다. 이들 유형은 부모 또는 양육자와 연결되어야 한다고 지각하는 긍정그룹으로 3번은 성공을 통하여, 6번 유형은 권위 있는 사람에게 충성하므로서, 9번 유형은 갈등 없이 평화를 고집함으로써 양육자와 애착을 형성하고자 하는 성격으로 나타난다. 이러한 모습은 이들 유형 뿐 아니라 우리 모두의 내면에 있는 아동기의 경험이기도 하다.

열정 (passion)

열정은 인간이 본질적인 모습을 상실하게 되었을 때 일어나는 반응이다. 따라서 잘못된 자신이나 성격에서 비롯되는 것으로 진정한 내면과 세상 사이에 만족스러운 연결이 어렵다. 열정은 나쁜 습관이자 악덕으로 미덕과 상호대립된다. 열정의 상태는 중독성이 있는 정신에너지에 의해 자신의 불안정성을 왜곡되게 표출하며 미덕을 대체하려한다. 열정이 존재할 때 그것을 관찰하며 인식하고, 열정에 따라 행동하지 않음으로써 미덕을 회복할 수 있다.

영성 (spirit)

영성은 정신의 물질이고, 정신의 세계와 연관된 철학적 개념이며, 초월적, 더 나아가 신을 뜻하기도 한다. 일부 사람들은 종교 대신 이 단어를 쓰기도 하기도 하지만 에니어그램에서의 영성은 '본능과 감정과 사고가 균형적으로 통합되는 본질적인 순수의식의 상태, 즉 생존본능이 균형적으로 통합되고 9가지의 집착과 열정에서 벗어나 신성한 생각과 미덕에 도달하는 순수의식의 상태'이다(윤운성, 2004).

영성훈련장 (spirituality training field)

영성훈련장은 영성훈련에 도움이 되는 생활공간을 말한다. 구르지에프는 진정한 변화를 위하여 제 4의 길을 제안하며, 일상의 삶이 수도원인 것처럼 수련공간이 되고 영성훈련장이 될 수 있다고 하였다.

영역 (boundaries)

에니어그램 8, 9, 1번 유형들이 주관심사는 영역확보이다. 이들은 현실에 대한 저항을 유지하는데 관심을 가지며 이를 위해 자신의 영역을 규정짓고 그것의 경계를 유지하고 지키려고 한다. 이때 영역에 대한 관심은 이들을 힘이 관건이라고 생각하게 하고 주 관심사가 자기 자신에 있고 현재에 존재하게 한다. 현실적이고 욕심이 많고 지배욕이 강한 것도 이들의 영역 확보와 관련이 있다. 이들의 욕구가 좌절 될 때 분노의 감정이 나타나며 8번 유형은 타인에게 화를 내고, 9번 유형은 분노를 속으로 가지고 있고 1번 유형은 자신과 남을 비판하며 표현한다. 이들이 영역 확보를 위해 자아를 방어하는 바탕에는 많은 분노가 있다.

영적치유 (spiritual healing)

에니어그램에서는 무의식적인 기본적 두려움으로 인해 우리가 동일시하는 것을 버리지 못하고 에고가 원하는 것에 집착하기 때문에 현존하기 어렵다고 본다. 이를 벗어나 영적으로 성장하기 위한 치유 연습으로 에니어그램에서는 머리, 가슴, 장의 훈련을 강조한다. 장의 영적치유를 위해서는 의식적으로 먹고 이완운동을 통해 신체를 깨우고, 명상 등을 통해 고요한 마음을 유지하고, 슬픔과 고통의 근원을 탐색하고 용서하고 사랑하여 가슴을 열도록 훈련한다.

예술가 (artist)

4번 유형의 이해를 돕는 명칭이며 내성적이고 낭만적인 유형이다. 성격적 특성은 자신을 잘 알며 감수성이 예민하고 말이 없다. 대체로 감정적으로 정직하며 창의적이고 개인적이다. 그러나 자의식이 강하고 쉽게 우울해 질 수 있다. 사람들을 피하는 이유는 자신이 약점이나 결함이 있다고 생각하기 때문이다. 또한 평범한 삶의 방식을 경멸 할 수도 있다. 일반적으로 우울증, 방종, 자기 연민 때문에 문제를 겪는다. 마음이 따뜻하고 이해심이 많고 사람들을 뒷받침하고 도와주는 장점이 있으나 질투심과 복수심이 생기고 죄책감에 사로잡히는 단점도 있다.

온화 (warmth)

6번 유형의 자기보존 하위유형을 뜻하는 말이다. 6번 유형의 자기보존유형은 자신이 불안전한 위치에 있으면 죽음의 상태이다. 따라서 자기가 안전한 상태에 있어야 한다. 때문에 자기가 안전한 상태를 유지하기 위해서는 타인을 경계하고 대항하려고 하는 것 보다 타인에게 온화한 모습으로 싸우지 않겠다고 하는 의사의 모습을 보이게 되는 것을 의미한다.

외배엽형 (ectomorphy)

포배에서 함입에 의해 내부에 중배엽과 내배엽이 생길 때 밖에 위치하는 부분이다. 척추동물의 원장배(原腸胚)에서는 체축(體軸)을 따라 신경관이 묻히며, 앞쪽에서는 뇌, 뒤쪽에서는 척수가 생긴다. 뇌의 일부는 망막으로 분화하고, 눈의 렌즈는 외측의 외배엽에서 생긴다. 외배엽은 신경계를 형성하는 외에 피부의 표피가 되며, 외배엽에서 유래된 상피는 침샘 · 땀샘 · 감각상피 등으로 분화한다. 한편 셸던은 체격을 결정하는 세 가지 기본적 요소로서 발생학 상 내배엽에서 유래하는 내장, 중배엽에서 생기는 뼈나 근육, 또 외배엽성인 피부 · 감각기관 · 신경의 발달에 주목하여 각각의 발달 정도를 조합시켜 여러 체형으로 분류하였다. 그 극단적인 형으로서의 내배엽형 · 중배엽형 · 외배엽형은 각각 크레치머의 비만형 · 투사형 · 세장형에 대응한다.

외적질서 (external order)

외적 환경에서 선하다고 보이는 것에 정력을 쏟아 붇는다. 선한 것을 지나치게 환경에만 한정시키며, 외적 환경에 변화를 일으키는 데에 매달리기도 한다. 외부환경에 초점을 맞추게 된다. 진정한 인생 또는 성취가 외적 환경에 집중되어 있다고 본다.

요소주의 (elementalism)

심리 현상을 몇 개의 구성요소로 분석하고 그 요소들의 결합에 의하여 모든 심리현상이 구성된다는 심리학의 주장이다.

욕망 (desire)

두려움을 해결하기 위해 인간의 주의력을 지배하며 무의식적으로 개인을 어느 일정한 방향으로 몰고 가는 힘을 말한다.

용감/모험 (risk)

4번 유형의 자기보존 하위유형을 뜻하는 말이다. 4번 유형의 자기보존유형은 자기가 타인과 다르지 않은 평범한 모습이면 죽음의 상태이다. 따라서 자신이 타인과 다른 특별한 모습을 보여야한다. 때문에 자신의 특별을 보이기 위해 때로는 위험 또는 용감한 모습을 보이게 되는 상태를 의미한다.

용기 (courage)

6번 유형의 미덕으로 대담하며 그들은 비록 쓰러질 것을 알면서도 항상 다시 일어나 시도하는 투사가 된다. 그들의 용기의 바탕에는 자기 긍정이 깔려있다.

우정 (friendship)

8번 유형의 사회적 하위유형을 뜻하는 말이다. 8번 유형의 사회적 하위유형은 자기가 속해 있는 집단을 통제하지 못하면 죽음의 상태이다. 따라서 자기가 속한 집단을 통제하려고 한다. 때문에 집단에 있는 사람들을 자기 안으로 끌어들이고 보호 역할을 하려고 하는 상태를 의미한다.

우주적 존재 (cosmic presence)

인간을 존재하게 하는 절대 궁극의 실체가 인간의 밖이나 내부에 따로 있는 것이 아닌 인간 자신이 오로지 아름다운 본성을 지닌 완전체임을 말하는 것이다. 인간이나 우주를 피조물로 보고 창조주를 외부에 두는 것이 기독교나 인간이나 우주를 피조물로 보고 창조주를 내부에 두는 것이 힌두교와는 달리 불교에서는 바로 인간과 뭇 생명들, 그리고 우주의 모든 존재와 우주 그 자체가 우주적 존재임을 시사한다. 존재를 규정하는 신이나 법칙이 따로 없다는 연기법은 존재의 의지, 즉, 인간과 생명의 자유의지를 우주적 의지로 인정하고 있다. 에니어그램에서는 인간이 영적성장으로 나아가는 아홉 개의 단계 중 아홉 번째 층의 상태를 말한다. 모든 현상은 여기에서 비롯되고 구도자가 신성에 대한 추구를 놓지 않고 계속 해 나가면 영혼은 결국 신, 완전함과의 신비로운 결합에 도달하게 된다. 여기에는 오진 신 의식만이 있으며 개인적인 자아와 신성은 하나다. 이것은 개인적인 존재를 넘어서 있으며 비개인적인 본질적 의식으로써 발현된다. 우리는 지속적인 이 상태를 유지하는 것은 극히 드문 일이다. 역사 속의 일부 성인만이 이 심오한 의식 상태에서 살았다. 그러나 우리들 대부분은 그것을 맛볼 수 있으며 그것을 한 번 맛보는 것만으로도 우리의 삶을 변화시킬 수 있으며 자기 자신 혹은 삶은 선물을 전과 같이 대할 수 없다.

운동 기능적 영역 (psychomotor skill domain)

Bloom 등은 교육목적이 추구하는 인간행동의 변화를 세 가지 영역(인지, 정의, 신체적 영역)으로 구분하였다. 헤로우는 운동 기능적 영역의 목표를 다음과 같이 분류하고 있다. 행함(doing)에 대한 목표, 관찰(observing)- 과정, 단계 및 기술에 대한 주시, 모방(imitating)- 지침에 따라 시도적으로 노력, 연습(practicing)- 습관화될 만큼 반복 연습, 적응(adapting) - 자신이나 상황에 맞게 스스로 수정, 개작하는 것을 포함한다.

위엄 (prestige)

3번 유형의 사회적 하위유형을 뜻하는 말이다. 3번유형의 사회적 하위유형은 자기가 속해 있는 집단에서 능력이 있고 성공적인 사람으로 인정받지 못하면 죽음의 상태이다. 따라서 자기가 속해 있는 집단에서 능력이 있는 사람으로 인정받는 상태가 되어야 한다. 때문에 집단의 사람들이 인정해주는 명성과 위엄을 가지는 상태를 의미한다.

윌리암 셀던 (William Sheldon, 1898-1977)

미국 심리학자로 그의 연구의 대부분은 성격의 특성과 기질을 연구하는데 공헌했다. 셀던은 체격을 결정하는 세 가지 기본적 요소로서 발생학 상, 내배엽에서 유래하는 내장, 중배엽에서 생기는 뼈나 근육, 또 외배엽성인 피부 · 감각기관 · 신경의 발달에 주목하여 각각의 발달 정도를 조합시켜 여러 체형으로 분류하였다. 그 극단적인 형으로서의 내배엽형 · 중배엽형 · 외배엽형은 각각 크레치머의 비만형 · 투사형 · 세장형에 대응한다. 셀던은 성격도 내장긴장 · 신체긴장 · 뇌긴장의 세 가지 기본적인 요소의 발달 정도에 의하여 나타내고, 체형과 성격이 밀접하게 상관하는 것을 통계적으로 보여 주었다.

유혹 (seduction)

2번 유형의 성적 하위유형을 뜻하는 말이다. 2번 유형의 성적하위유형은 특정대상에게 자기가 사랑을 받지 못하면 죽음의 상태이다. 따라서 다른 사람들은 사랑을 받지 못하더라도 나만은 사랑을 받는 상태이어야 한다. 때문에 대상이 유혹을 느끼는 정도로 사랑을 받기 위한 모습을 보이는 상태를 의미한다.

융 (Carl Gustav Jung)

분석심리학 창시자로 한 때 프로이트의 초기 동료였다. 융은 1914년 프로이트 학파에서 일탈하여 자신의 학파를 만들었는데, 주된 이유는 신경증의 근원과 관련해 성의 기본적 중요성을 강조하는 프로이트의 입장과 타협할 수 없었기 때문이다. 융은 연금술에서 요가에 이르기까지 거의 모든 것에 관심을 가졌다. 특히 인간 집단무의식과 원형, 성격의 내향성, 외향성을 연구했다.

융(Jung)과 에니어그램

융은 두 가지의 심리적 태도(외향성과 내향성)와 4가지의 심리적 기능(사고, 감정, 직관, 감각)이 조합하여 8가지의 성격을 이룬다고 주장, 융은 그의 심리유형에서 JP(판단과 인식)지표에 대해서 대체로 판단 적 입장에 서있는 판단형의 사람(J형)은 의식적 성격측면을 장 가지고 있고, 인식형(P형)의 사람은 무의식적 성격에 영향을 받는다(김정택, 심혜숙, 1995) 에니어그램의 성격 유형과 융의 이론은 대부분은 일치하나 성격 유형 3은 융의 어떤 유형과도 일치하지 않는다.

의무 (duty)

6번 유형의 사회적 하위유형을 뜻하는 말이다. 6번 유형의 사회적 하위유형은 자기가 속해 있는 집단의 규칙과 안정적인 틀이 없으면 죽음의 상태이다. 따라서 자기가 속해 있는 집단의 안정적인 틀과 규정을 지키려 한다. 때문에 집단의 안정적인 틀에 충실하고 규칙을 지키며 의무를 다하는 상태를 의미한다.

의식 (consciousness)

의식은 깨어 있는 상태에서 직접 경험하고 있는 심적 현상의 총체로 자기 자신이나 사물에 대하여 인식하는 작용이며 인간의 생각, 감정, 행동을 결정하는 숨은 인자이다.

즉 사람은 깨어 있을 때 항상 무엇인가를 생각하거나 느끼는 직접적이고 주관적인 체험을 하게 되는데 이러한 것을 총칭하는 것이다.

의식수준 (level of consciousness)

데이비드 홉킨스(David R. Hawkins) 박사는 자신의 저서 「의식혁명」에서 의식레벨 측정법에 의해 의식수준을 밝혀냈으며(의식의 에너지 장에 관한 실제적인 지도를 그려냄: 아래표 참조), 이 의식수준은 에니어그램의 본질적 자아수준과 일치한다. 의식이 확대되면 다른 사람과 진실한 관계를 맺도록 우리의 마음을 열어준다. 의식이 깨어 있으면 우리의 판단과 통찰이 더욱 정확해져 내면의 공간과 우리 주변에 스며드는 미묘한 현존(presence)을 경험하기 시작한다. 또한 자신의 성격굴레로부터 자유로워질 수 있다.

[의식의 지도]

측정된 수치	수 준	감 정	과 정	세속의 관점	신의 관점
700-1000	깨달음	언어 이전	순수의식	존재	자아
600	평화	축복	자각	완전한	항상 존재하는
540	기쁨	고요함	거룩함	전부 갖춘	하나
500	사랑	존경	계시	자비로운	사랑
400	이성	이해	추상	의미 있는	현명함
350	포용	용서	초월	화목한	인정 많은
310	자발성	낙관	의향	희망에 찬	감화 주는
250	중용	신뢰	해방	만족한	능력이 있는
200	용기	긍정	힘을 주는	가능한	용납하는
175	자존심	경멸	과장	요구가 많은	무관심한
150	분노	미움	공격	적대의	복수에 찬
125	욕망	갈망	구속	실망하는	부정하는
100	두려움	근심	물러남	무서운	징벌의
75	슬픔	후회	낙담	비극의	경멸의
50	무기력	절망	포기	절망의	비난하는
30	죄의식	비난	파괴	사악한	원한을 품음
20	수치심	굴욕	제거	비참한	멸시하는

※ 홉킨스 박사는 의식 세계를 수치화하는데 '용기'의 수준인 200을 분기점으로 보았다. 어떠한 생각이나 태도나 느낌이 그 수치가 200

이하로 나타났다면, 그것은 근육 반응이 약하게 나왔다는 것이며, 200이상이면 그 생각이나 느낌, 태도, 사물, 혹은 역사적 인물들이 피험자의 근육반응을 강하게 했다는 뜻이다(이종수 역, 1997).

의존성 성격장애 (dependent personality disorder)

보호받고 싶어 하는, 광범위한 지나친 욕구로 인하여 복종적으로 되고 상대방에게 매달리고, 헤어짐을 두려워하며, 성인기 초기에 시작되며, 여러 가지 상황에서 나타나고, 다음 특성 중 5개 항목을 충족시키면 진단을 내린다.: 타인의 충고나 보장 없이는 결정을 잘 못 내림, 자신의 중요한 영역까지 맡길 수 있는 타인 필요, 반대의견을 말하지 못함, 자신의 일을 혼자서 시작하거나 수행하지 못함, 타인의 보살핌과 지지를 받기 위해 무슨 행동이든 함, 혼자 있으면 불편하고 무력해짐, 친밀한 관계가 끝나면 즉시 새로 사람을 찾음, 스스로를 돌봐야하는 처지에 빠진다는 비현실적 두려움을 가짐(DSM-IV, 1994).

이상주의자(1w9) (the idealist)

에니어그램에서 날개유형의 개념을 파악하고 나면 1w9의 유형을 이해할 수 있다. 장형인 1유형의 사람이 9유형 날개를 좀더 취하여 살아가는 유형으로 이상주의자의 성격을 보여준다. 1w9인 이상주의자는 좀더 여유있고, 남의 흠을 보는 것보다 조화를 찾으면서 느슨하게 살 수 있다. 또한 자신이 완벽하지 못한 것도 용인할 수 있는 성격유형이 된다. 하지만 이 유형의 사람이 위함한 것을 9번 유형의 단점인 게으름에 빠질 수 있다는 것이다.

이성 (rationality)

이성은 인간을 인간답게 하고 동물과 구분되게 하는 것이며, 여기에서 "인간은 이성적 동물이다"라는 정의가 성립한다. R.데카르트는, 만인에게 태어날 때부터 평등하게 갖추어진 이성능력을 '양식(良識)' 혹은 '자연의 빛'이라는 말로 표현하였다. 그뿐 아니라, 예로부터 이성은 어둠을 비추어 주는 밝은 빛으로서 표상되어 왔다. 본래 그리스어의 로고스(logos:理性), 혹은 그 라틴어 역으로서의 라찌오(ratio)에는 비례 · 균형이라는 의미가 포함되어 있었다.

이질성 (heterogeneous)

서로 바탕이 다른 성질이나 특성이다.

오스카 이카조 (Oscar Ichazo)

구르지예프 이후 에니어그램의 성격유형론의 발전에 기여한 이카조는 볼리비아에서 태어났다. 이카조는 고향을 떠나 고대의 지혜를 찾아 아르헨티나의 부에노스아이레스를 비롯하여 중동과 세계 여러 곳을 탐방한 후 남아프리카로 가서 그동안 터득한 고대의 지혜를 자기 것으로 정리하여 1950년대 초까지 에니어그램의 요소들을 찾아내어 결합하였다. 칠레의 산티아고에 있는 응용심리학연구소에서 있었던 이카조의 강연은 미국 에살렌(esalen)연구소의 심리학자와 정신과 의사의 주목을 끌게 됨으로써 이때부터 에니어그램은 심리학계의 집단에 파급되기 시작했다.

인간성 (인간본성, human nature)

인간의 본성 즉 인간을 인간답게 하는 것으로 에니어그램에서는 인간의 본성을 영성 또는 신성을 가진 존재로 본다.

인습타파주의자(5w4) (the Iconoclast)

에니어그램에서 날개유형의 개념을 파악하고 나면 5w4번 유형을 이해할 수 있다. 5번 유형의 사람이 4번 유형의 날개를 좀 더 취하여 살아가는 유형으로 인습타파주의의 성격을 보여준다. 5w4인 인습타파주의의 사람은 가슴형인 4번 유형의 날개를 취할 때 자신의 감정과 접하고 그것을 밖으로 표출할 수 있고, 다른 사람의 문제에 동정심을 느끼는 따뜻한 사람이 될 수 있다. 그리고 자신의 지적보고는 더 예술적이고 창조적인 동기로 채워진다. 하지만 이 유형의 사람은 더 내성적이고 경험하는 것에 더 과민해질 위험이 있다.

인위적인 승화 (artificial sublimation)

승화는 본능적 욕구나 참기 어려운 충동 에너지를 사회적으로 용납할 수 있는 형태로 바꾸어 사용하는 가장 건전하고 건설적인 방어기제이지만, 인위적 승화는 4번 유형이 취하는 방어기제로 스트레스를 받으면 자기가 꾸민 세계 안으로 들어가 편안함을 느끼기도 한다. 자기만의 분위기 속에 도취되어 그 누구도 허용 못하게 한다.

인지정서성격체계 (cognitive affective personality system:CAPS)

사람들이 행하는 것이 특별한 상황과 맥락에 의존되어 있음을 보여주는 성격 이론적 접근이다. 이전의 성격연구는 상황에 무관한 개인의 일관적인 특성이 성격이라고 보거나 학습의 원리에 과도하게 접근하여 측정할 수 없는 마음이나 정신에 관한 구성개념은 반대하는 행동주의의 과학적 강점에 이끌렸다. 그러나 인본주의적 접근과 행동주의적 접근을 보완하여 개인의 정신적이고 정서적인 경험들을 설명하기 위해 성격에 대한 보다 더 인지적이 접근을 통하여 성격을 이해하고자 하는 시스템이다.

융의 자기 (self)

C. G. Jung에 의하면 자기란 자기는 중심성, 통합성을 의미하는 신성한 불꽃으로 정신이 추구하는 목표를 나타낸다. 정신은 의식과 무의식으로 나누어지며, 무의식은 의식적 태도에 대하여 보상(혹은 대상, compensate)의 기능을 한다. 의식이 지나치게 일 방향적일 때면 언제나 그 반대편의 무의식이 그 불균형을 해소하기 위하여 자율적으로(autonomously(그리스어에서 auto=self, nomos=law)이다, 즉 자신에 대한 규율) 나타난다. 그 과정은 강력한 꿈이나 이미지를 통해 내적으로 일어나거나, 어떤 질환으로 발병하기도 한다.

자기인식 (self recognition)

다른 대상과 구분되고 독립된 실체로서 자신을 인지하고 행동을 관찰함으로써 태도를 파악하는 것. 자기 자신의 성격에 따른 근본적인 집착요소를 찾아내고 그 원인을 이해함으로 자신의 근원적인 문제를 인식할 수 있으므로 자신의 내면에 대해 보다 정확하게 아는 것이다.

자기관찰 (self observation)

의식적으로 자신의 내현적, 외현적 정신 과정과 행동을 주시하고 자각하는 행동. 자신의 사고 과정이나 감정 그리고 행동 및 다양한 동기에 대한 내적인 성찰과 보고 과정이다.

자기기억 (self memory)

자기기억은 완전한 즉시성과 실재를 깨닫는 것이다. 특히 9번 유형이 자기기억을 통해 본질적 성품에 접근할 수 있다.

자기망각 (numb)

9번 유형이 악덕 상태일 때 나타나는 현상으로 헛된 희망의 세계에 살며 안락한 환상을 꿈꾸고 현실의 자기를 잊는다.

자기변형 (self transformation)

자기의 본질을 회복하기 위해 스스로 구태의연한 습관과 고착, 악습을 떨쳐버리고 새롭게 설정한 긍정적이고 생산적인 방향으로 변화를 이루어 나가는 자기투쟁의 과정을 말한다.

자기보존 하위유형 (SP : self-preservation subtypes)

하위유형 중의 하나로(subtype) 자신의 안전과 생존을 가장 중요하게 생각하고 추구하기 때문에 개인적이며 매일매일 생존에 관심이 있다. 이 본능적 유형의 사람은 동시대 사는 동안 기본적 생존요구에 여념이 없다. 그들은 방어적이고, 조심스럽고, 자족적이고, 개인적이다. 선입견은 예측하지 못한 수요나 재난에 대처할 수 있는 충분한 자원을 가지고 있다. 그래서 자기보존 유형들은 돈, 음식, 집, 건강, 신변안전, 안락함을 걱정한다. 안전과 신체적 안락함이 우선이다.

자기성찰 (self reflection)

자기반성을 넘어서서 자기 점검과 함께 자기 방향을 설정하고 앞으로의 삶에서 바른 길을 찾아가는 태도를 말한다.

자기애성 성격장애 (narcissistic personality disorder)

성격장애의 하나로 자신의 중요성에 대한 과장된 평가로 인한 특권의식을 지니고 타인에게 착취적이거나 오만한 행동을 나타내어 사회적인 부적응을 초래하는 성격을 말한다. 공상이나 행동에서의 웅대성, 칭찬에 대한 욕구, 공감의 결여가 생활전반에 나타나며, 다음 특성 중 5개 이상의 항목에 해당되면 진단을 내린다. : 자신의 중요성에 대한 과장된 지각, 무한한 성공에 대한 공상, 자신이 특별한 존재라는 믿음, 과도한 찬사 요구, 특권의식, 착취적인 대인관계, 감정이입 능력 결여, 타인 질투, 거만하고 방자한 행동이나 태도(DSM-IV, 1994).

자기이해 (self understanding)

개인의 의식적 무의식적 행동과 동기에 대해 스스로 일련의 해석과 설명이 이루어지는 내적 과정을 말한다.

자기자각 (self-awareness)

자기자각은 자기 자신이 주의(attention)의 대상이 되고 있는 심리적 상태로 스스로를 깨닫는 것이다. 자각의 힘은 성숙되는 것으로 발휘되며, 자기자각이 확장되면 내면의 말에서 한걸음 물러나서 우리 자신을 관찰할 수 있다. 자기 자각은 생각이나 느낌, 동작, 본능, 직관 등을 포함하는 용어이다.

자기지식 (self-knowledge)

자신의 내재적 특성에 대한 이해로 구르지에프는 자기기억을 통해 자기변형에 이를 수 있다고 했다.

자아 강도 (ego-strength)

자아강도는 스트레스나 부정적 정서, 마음의 상처와 같은 것을 견디고 이겨낼 수 있는 마음의 힘이나 저항력을 말하며, 일종의 심리적 면역력이라고 볼 수 있다. 그러므로 자아강도가 높은 사람은 정서적으로 잘 균형이 잡혀있고 자아강도가 낮은 사람은 마음이 약하고 심리적 면역력이 낮아 외부의 부정적인 자극이나 문제 상황에 쉽게 휘둘릴 수 있다.

자아 고착 (self fixation)

자아고착은 이기심이 작용하여 본질의 특정한 성질을 가리고 있는 상태를 말한다. 즉, 본질이라고 착각하는 그 어떤 것을 모방하고 있는 것으로, 영혼을 시험하고 발전시키는 도구이다. 자아고착은 신성한 사고를 상실함에 따라 자아와 현실에 대한 환상을 갖게 됨으로써 야기되는 것이다. 각 유형의 신성한 사고를 이해하는 것은 자아고착의 해독제가 된다.

자아 축소 (ego reduction)

자아팽창의 상황에서 발달수준이 높아질수록 자아가 축소로 이어지고, 더불어 자유는 극대화된다.

자아 (ego)

자아는 원초아의 쾌락추구, 초자아의 완벽추구와는 달리 현실을 추구한다. 즉 자아의 기능을 현실과 초자아의 요구에 맞추어서 원초아의 욕구를 만족시키거나 표현한다. 이러한 자아의 기능양식을 현실원리에 따른다고 한다. 현실원리에 따라 자아는 본능의 욕구를 충족시킨다. 방법은 고통이나 부정적 결과를 최소화시키고 최대의 기쁨을 얻을 수 있는 시기까지 연장시키거나 차단하는 경우도 있고, 전화시키거나 서서히 방출시키기도 하는 방식을 사용한다. 자아는 소원과 환상을 구별할 수 있으며, 긴장과 절충, 시간이 지나면서 변화하는 것을 찾아 낼 수 있다. 따라서 자아는 지각이나 인지적 기술과 관련이 있으며 보다 복잡한 운동이나 사고를 할 수 있는 능력과 미래와 결과를 예측하는 데 영향을 준다.

자아의식 (self-consciousness)

에니어그램의 각각의 유형들은 자신들 나름대로 자기 개념의 안경을 통하여 외계를 보며 자아를 방어하고 있다. 이들은 각각의 내면 의식에 따라 현실을 지각하게 됨으로써 왜곡되거나 괴리된 현실감각을 가지고 있다. 이 세 가지 자아의식은 첫째, 내적 질서로서의 현실로서 이 유형들은 현실이 그들 자신에게 집중되어 있다고 본다(8, 2, 5 유형). 둘째는 내외적 조화로서의 현실로서 현실이 조화 또는 자신과 외부 세계 사이의 상호 작용에 있다고 본다(3, 6, 9 유형). 셋째는 외적 질서로서의 현실로서 이들은 현실이 외적 환경에 집중되어 있다고 본다(1, 7, 4번 유형)

자아 이미지 (self image)

에니어그램에서 자아 이미지란 감정중심의 유형들의 핵심적인 내용으로서 다른 사람들 눈에 비친 자기 이미지에 관심을 쏟는 유형을 말한다. 감정 중심의 2번 유형은 다른 사람들의 요구를 들어주므로서 3번 유형은 성공하는 이미지를 보여주므로서 4번은 독특한 자신의 이미지를 통하여 정체성을 가지므로서 자아이미지를 형성하는 것으로 본다.

자아정체감 (ego identity)

자기지각의 전체성으로서 이것을 개인에게 유일감과 시간상의 연계성을 제공한다. 이는 자신의 자아가 연속성과 동일성을 갖는 것으로, 경험하고 그렇게 행동하도록 확립해가는 청년기의 탐색능력이다.

자아초월 (self transcendence)

개인이 기본적 두려움과 대면하고 그것을 극복함으로써 자유로워지고 자아실현을 가능하게 되는 상태를 말한다. 이 상태에서 개인은 자신의 기본적인 바람을 획득하고 그럼으로써 자신의 실제적 요구를 충족시키기 시작한다. 각 유형에 따라서는 다른 특별한 영적 능력과 덕목들이 나타난다. 이는 이상 상태로서 개인은 가장 진실한 자기 자신이 되며, 균형과 자유를 얻는다. 이 단계에서 개인은 성격에서 본질로 막 변화하려는 상태에 있다(Riso, 1996).

자아통합 (ego integrity)

개인이 직업, 성취, 자녀를 포함해 인생을 축적함에 따라 그의 인생주기의 최정상에서 느끼는 만족감이다. 에릭슨의 8단계에 해당된다.

자아팽창 (ego inflation)

자아팽창은 본질에서 멀어져 부정적으로 되고 사회적 상호작용에서 자신의 성격적 특징으로 떨어짐으로써 방어가 증가하며 불균형한 상태이다. 자아팽창의 상태에서는 그 유형의 정신에너지를 끌어들임으로써 유지되는데, 자아가 팽창할수록 개인적 자유가 점차 축소하고 진실에서 멀어진다. 자아팽창은 발달수준 2수준에서 시작되어 9수준에 이르러 파괴에 이른다.

자유 (freedom)

두려움과 욕망의 집착으로 부터 벗어나 참자기의 본질을 찾은 해방된 의식수준으로 자기초월의 상태에 존재하는 것을 말한다.

자유론 (libertarianism)

결정론과 대조되는 개념으로, 상태나 결과의 인과론적 결정을 인정하지 않는 태도를 말한다.

자율성 (autonomy)

개인이 자주적임을 내적으로 느끼는 것으로서 그의 인생에 영향을 주는 외부사건에 어느 정도 영향력을 행사할 수 있다.

잠재력 (power)

잠재력은 홉킨스 박사의 "의식혁명"에서 다룬 개념으로 겉으로 드러나지 않고 속에 숨어 있는 힘을 말하는 것이다. 홉킨스 박사는 의식의 지도에서 의식의 수준을 17단계로 분류하였다. 그 중에서 잠재력은 200룩스 '용기'이상의 긍정적인 의식수준에서 나오는 에너지를 말한다. 200이상의 수준은 잠재력의 건설적 표현이다.

장점 (strength)

좋거나 잘하거나 긍정적인 점으로 주로 각 성격유형이 두려움과 욕망으로부터 멀어져있을 때 나타난다.

적신호 두려움 (red flag fear)

각각의 유형이 건강하지 않은 범위로 옮겨가기 전에 만나게 되는 '위험 신호'를 말한다. 일깨우는 신호가 평균 범위에서 가장 낮은 곳으로 들어가기 전에 일깨워주는 것이라면 위험 신호는 임박한 위기를 알리는 훨씬 더 심각한 경고 신호이다. 위험 신호는 두려움이다. 이것은 개인의 수준을 아래로 끌어내릴 수 있는 파괴적인 힘에 대항하고자 할 때 유용하게 쓰일 수 있는 도구이다. 그 사람이 자신의 위험 신호를 알아차리고 정신을 차린다면 위험한 상황으로 이끄는 행동과 태도를 그만둘 수 있다. 그러나 위험 신호를 알아차릴 수 없거나 그렇게 하지 않으려고 한다면 스스로를 패배시키는 태도와 행동을 계속하려 할 것이며, 급기야는 아주 파괴적인 상태로 떨어질 것이다(Riso & Hudson, 1999).

적절한 힘 (순수, innocence)

8번 유형의 미덕으로 자기 이해를 초월하여 다른 사람들의 필요와 권리에 대해 동일한 중요성을 두고 고려할 줄 아는 마음과 넓은 아량이 있다.

전문가(3w4) (the professional)

에니어그램에서 날개유형의 개념을 파악하고 나면 3w4번 유형을 이해할 수 있다. 3번 유형의 사람이 4번 유형의 날개를 좀 더 취하여 살아가는 유형으로 전문가의 성격을 보여준다. 3w4인 전문가는 4번 유형의 날개를 취할 때, 진짜 자신과 자신이 선택한 역할 사이의 균형을 찾을 수 있다. 또한 자신의 감정을 탐구하며 고결함을 버린 성공을 낮게 생각할 수 있는 여유가 있다. 하지만 이 유형의 사람은 자신을 좀 더 소중한 사람, 나스시스트가 될 위험이 있다.

전의식 (preconscious)

전의식은 의식의 장에서 밀려나 있지만, 언젠가는 필요에 의해 다시 의식으로 떠오르게 될 가능성을 가지고 있는 것으로, 의식과 무의식의 성질을 동시에 갖고 있으면서 두

영역 사이의 칸막이 역할도 하고 때론 교량역할도 한다(이시형, 여인중, 2002).

전인 (whole man)

지(知) · 정(情) · 의(意)를 모두 갖춘 사람이다.

에니어그램에서는 머리, 가슴, 장이 균형과 통합을 이룬 사람이다.

전체주의 (holism)

한 기관(생물, 화학, 사회, 경제, 정신, 언어 등)이 그것의 구성 요소들을 통해 설명될 수 없다고 하는 사상이다. 즉, 부분이 기관 전체의 동작을 결정하는 것이 아니라 기관 전체가 부분의 동작을 결정한다는 생각으로서, 환원주의에 대비되는 개념이다. 생명 현상은 물리와 화학 법칙만으로는 설명할 수 없는 독특한 원리가 있다는 입장으로서, 많은 학자로부터 비판을 받고 있다. 인간의 정신은 부분이나 성분의 집합이 아니라 전체성과 구조가 중요시되어야 한다는 게슈탈트 심리학도, 전체론의 영향을 받은 것으로 현상학에서 환원주의에 반하는 입장을 가지고 있다.

절제 (sobriety)

7번 유형의 미덕으로 그들이 가진 모든 것에 감사하며 자신들이 실제 자기 몫보다 더 많은 것을 누리고 있음을 알고 만족한다.

점액질 (phlegmtic)

이 기질이 우세한 사람은 자극에 대해 지둔박약(遲鈍薄弱)하여 흥분하거나 격분하는 일이 적고, 활발하지 못하지만 일단 일을 시작하면 의지가 강하고 인내력이 있다. 고대 그리스의 의학자 히포크라테스의 '기질론'에서 시작되었으며, 독일의 철학자 칸트에 의하면 점액질은 담즙질과 함께 혈액의 온도로 분류하면 냉혈에 속한다. 독일의 심리학자인 분트는 정의(情意)의 작용의 강약과 그 변화의 지속으로 보아 느리고 약한 것을 점액질이라고 하였다.

정신의 습관 (habit of mind)

에니어그램에서는 기본 유형별로 어떠한 사건과 사태 속에서 느낌, 사고, 신체적 반응 등을 우리가 자각하지 않으면 정신은 습관적으로 반응한다고 한다. 따라서 정신이 어떻게 작동하고, 심장이 무엇을 느끼며, 신체가 무엇을 경험하는지에 대한 주의집중을 통해서 정신의 습관을 자각할 수 있다. 이러한 자각은 우리의 주의집중과 에너지가 어디로 향하고 있고, 우리의 기본유형에 대한 정서적 강박성이 어떻게 표현되는지를 말해준다.

정신장애의 진단 및 통계 편람 (Diagnostic and Statistical Manual of Mental Disorder-4th edition, DSM-Ⅳ)

1952년에 미국정신의학회에서 처음 발행한 이후로 1994년에 네 번째로 개정하여 발표한 정신장애의 분류체계이다. DSM-IV는 특정한 이론적 입장에 치우치지 않고 장애의 원인이 아니라 심리적 증상과 증후군을 위주로 하여 정신장애를 분류하고 있다. DSM-IV는 정신장애와 관련된 5가지 종류의 정보를 수집하여 진단하도록 되어 있는 다축진단체계(multiaxial diagnostic system)로 구성되어 있다. 이 다섯 개의 축은 축 1은 임상적 증후군, 축 2는 성격장애, 축 3은 일반적인 의학상태, 축 4는 심리사회적 및 환경적 문제, 축 5는 현재의 적응적 기능수준을 평가하도록 되어 있다(이근후 외, 1995).. 에니어그램의 성격유형은 DSM-IV의 5축 성격장애 즉, 편집성(망상성) 성격장애(paranoid personslity disorder), 분열성 성격장애(schizoid), 분열형

(schizotypal), 반사회성(antisocial), 경계성(borderline) 히스테리성(histrionic), 자기애성(narcissistic), 회피성(avoidant), 의존성(dependent), 강박성(obsessive-complsive), 달리 분류되지 않은 성격장애(peronality disorder NOS)와 관련된다.

정신측정학적 (psychometric)

인간의 정신 내적 경험체계에 숫자를 부여하여 수리체계로 바꾸는 학문적 접근.

정의적 영역 (affective domain)

Bloom 등은 교육목적이 추구하는 인간행동의 변화를 세 가지 영역(인지, 정의, 신체적 영역)으로 구분하였는데 그 중 태도, 흥미, 습관, 가치관, 성격 등의 영역을 말한다. 즉 '흥미'나 '태도'로 명명되는 교육 성과이며 감정적 색조나 정서, 수용 또는 거부의 태도 등이 강조되는 목표이다.

1) 수용(감수) : 배우고자 하는 인식(어떤 대상에 대해 새롭게 깨달음)
2) 반응 : 인식한 대상에 대한 정보를 찾기 위해 능동적으로 노력
3) 가치화 : 가치에 대해 행동적으로 입증

4) 조직화 : 기존의 가치 · 신념에 새로운 것을 추가하여 조직화시킴
5) 성격화(인격화) : 가치가 개인 생활의 일부가 되는 것

정직 (honesty)

3번 유형의 미덕으로 남들과 경쟁하지 않고 자신들의 한계를 너무 지나치지 않으며 충분한 시간과 에너지를 투자해 자신들을 발전시킨다.

정화 (purification)

갈등을 극복하거나 통찰을 얻는 것 또는 정서적인 긴장의 해소를 말함.

제 4의 길 (the forth way)

구르지예프는 진정한 변화를 위한 3가지의 전통적인 길이 있다고 했다. 제 1의 길은 고행자의 길로 수도원에 들어가 육체의 한계를 극복하고 고행하는 방법으로 본능중심에 초점을 맞추고 있다. 제 2의 길은 승려의 길 또는 헌신의 길로 전통적인 기독교의 성모나 성심에 헌신하거나

성자에 대한 개인적인 헌신을 실천하는 것으로 감정중심과 관련된다. 제 3의 길은 요기의 길 또는 지식을 추구하고 마음을 진정시키는 길로 모든 찰나적인 것을 초월함으로써 내면을 비우고 침착해짐으로써 세속적인 것에서 멀어지는 것으로 사고중심과 관련된다(윤운성, 2004; 이순자, 2004). 구르지예프는 제 4의 길은 제안하였으며 마치 세계가 수도원인 것처럼 생활 속에서 수행할 수 있다고 보았다. 제 4의 길은 모든 인간에게 가능하며 환경을 변화시킬 필요도 없고, 일상생활을 그대로 이용하기 때문에 누구나 할 수 있으며, 우리의 일상적 삶이 영성훈련장으로서의 역할을 한다고 본다.

조력가 (helper)

2번 유형의 이해를 돕는 명칭이며 남을 위하고 대인관계를 존중하는 유형이다. 성격적 특성은 감정이 풍부하고 성실하고 따뜻한 마음을 지녔다. 다정하고 친절하며 자신을 희생시키기를 잘한다. 그러나 그와 동시에 감상적이고 아첨과 아부를 잘한다. 대체로 사려 깊고 타인들과 가까워지려고 노력한다. 그러나 잘못하면 남들이 자신을 필요로 하기를 원해서 일부러 도와주기도 한다. 일반적으로 소유욕 때문에 곤란을 겪으며 자신의 필요를 자각하는 것이 어렵다.

조정자(9w8) (the comfort seeker)

에니어그램에서 날개유형의 개념을 파악하고 나면 9w8번 유형을 이해할 수 있다. 9번 유형의 사람이 8번 유형의 날개를 좀 더 취하여 살아가는 유형으로 조정하는 사람의 성격을 보여준다. 9w8인 조정하는 사람은 8번 유형의 날개를 취할 때, 자신의 분노를 접하게 해주어 그것을 삼키고 수동적 공격성을 보이기보다는 표현할 수 있는 방법을 찾게 된다. 그래서 자신의 주장을 펼칠 수 있는 사람이 되기 때문에 중요하지 않은 것은 버리고 중요한 것에 집중함으로써 상황에 더 잘 대처할 수 있다. 하지만 이 유형의 사람은 더 완고해지고 움직이지 않는 게으름에 빠질 우려가 있다.

조화 (union)

9번 유형의 성적 하위유형을 뜻하는 말이다. 9번 유형의 성적하위유형은 평화와 안정을 주는 대상이 없으면 죽음의 상태이다. 따라서 평화와 안정을 주는 대상이 있어야

한다. 때문에 자기에게 평화와 안정을 주는 대상을 찾고 그 대상이 있을 때, 조화로움을 느끼는 상태를 의미한다.

좌절 (frustration)

좌절은 우리의 욕구가 충족되지 못할 때 느끼는 감정이다. 자아는 좌절상황에서 갈증이 일어나고 불편하고 침착하지 못하며, 불만족이 가득 차게 되고 안절부절 못하게 된다. 이런 감정들은 어릴 때부터 길들여진 패턴에서 비롯된다. 이러한 습관은 이미 욕구가 충족되어도 계속 좌절감을 느끼게 된다. 좌절에 근거한 집단에는 7번 유형, 1번 유형, 4번 유형이 포함되어 있다.

주관성 (subjectivity)

주관에 의하여 규정되고 제약받는 일. 주관의 소산으로 객관적 타당성을 지니고 있지 않다.

주관적인 자아 (subjective self)

주관적 자아는 상위감정과 상위사고가 없이 잠든 상태이다. 반면에 상위감정과 상위사고가 있어 자기를 자각하고 스스로를 적절히 조절할 수 있는 상태는 객관적 자아

상태이다. 본질에 가까울수록 성격의 왜곡으로부터 벗어나 미덕을 증진시키고 신성한 사고를 깨닫게 되며 객관적 자아상태가 되지만, 본질과 멀어질수록 왜곡된 성격으로 인하여 집착에 빠지게 되고 주관적 자아상태가 된다.

주인/안주인(2w3) (the host/hostess)

에니어그램에서 날개유형의 개념을 파악하고 나면 2w3번 유형을 이해할 수 있다. 2번 유형의 사람이 3번 유형의 날개를 좀더 취하여 살아가는 유형으로 주인(안주인)의 성격을 보여준다. 2w3인 주인(안주인)은 3번 유형의 날개를 취할 때, 자신을 더 믿어 독립적이다. 이것이 주인(안주인)의 사람을 대인관계에서 성공적이고 단체를 쉽게 이루게 한다. 하지만 이 유형의 사람은 다른 사람에게 잘 보이기 위해서 너무 일중심, 이미지중심, 의식적이 되는 것을 경계해야 한다.

주제접근법 (thematic approach)

인간이 지닌 특성 구조에 관하여 간결하고 응축된 평가를 하기 위한 방법 중의하나이다. 개인생활사에서 정규적으로 되풀이되는 특정 주제들을 분리하고, 이러한 주제들을 하나의 일관적인 배열로 묘사하고 개인 기능의 나머지와 이 주제들을 연관 짓는 것을 말한다(Riso, 1996).

중독 (addiction)

자신이 많은 긴장과 도전에는 적합하지 않다고 느끼기 때문에 도피하면서 외부에 강한 자극제나 흥분제를 찾아 혼수상태나 약물 중독에 빠지며 잠과 죽음의 삶을 산다. 9번 유형이 취하는 방어기제로 "난 상관없어"를 외치며 많은 긴장과 도전을 해야 하는 상황에 자신은 적합하지 않다고 느끼며 직접 나서는 일이 없이 타인이 해결해 주기를 바란다.

중력 중심 (gravity center)

평상적인 상태에서 심리적으로 우리가 놓여있는 지점을 의미한다. 우리의 기본 성격 유형은 바뀌지 않지만 우리가 어떤 수준에 있느냐는 항상 바뀐다. 우리가 편안하게 이완되어 있을 때는 위쪽 수준으로 올라가고 스트레스를 받을 때는 아래쪽으로 처진다. 우리의 심리적 상태는 항상 변하지만 중력 중심은 아주 천천히 변한다. 중력 중심이 변하는 것은 인생에서 심각한 위기 상황을 겪은 후에 생기거나

오랜 동안 노력의 결과로 일어난다(Riso & Hudson, 1999)

중배엽형 (eumorphic type)

중배엽은 외배엽에서 만들어지는 것과 내배엽에서 만들어지는 것이 있다. 어느 경우든지 내외 두 배엽의 간극을 채우게 되고, 발생과정에는 이 두 배엽의 세포군에 영향을 미쳐 이들로부터 중배엽의 분화를 조절하는 유도(誘導)의 역할을 하는 경우가 많다. 중배엽에서 골격 · 진피(眞皮) · 혈액 등의 결합조직과 근육 · 신장 · 생식기관 등의 중요 부분이 분화된다. 또, 동물체의 체강을 만드는 벽의 일부도 중배엽에서 기원한다. 한편 셸던은 체격을 결정하는 세 가지 기본적 요소로서 발생학상 내배엽에서 유래하는 내장, 중배엽에서 생기는 뼈나 근육, 또 외배엽성인 피부 · 감각기관 · 신경의 발달에 주목하여 각각의 발달 정도를 조합시켜 여러 체형으로 분류하였다. 그 극단적인 형으로서의 내배엽형 · 중배엽형 · 외배엽형은 각각 크레치머의 비만형 · 투사형 · 세장형에 대응한다.

중심 분석 (center analysis)

평상시 자아의식(ego consciousness) 속에 있을 때, 보통 우리의 습관적인 에너지를 선호하기 때문에 보통의 경우에는 힘의 중심이 균형되어 있지 않고 있다. 힘의 불균형이 각각의 힘의 중심을 만들 듯이, 9가지 성격의 각각의 유형은 사고, 감정, 본능의 세 중심들이 습관적인 불균형 상태에 있다. 즉 각각의 유형은 우세한 중심, 지지하는 중심, 그리고 열등한 중심으로 구성된 역동성을 나타낸다. 따라서 성장을 위해서는 우선적으로 3차의 열등중심의 개발을 통해 치유통합이 이루어진다.

중심화 연습 (centering practice)

잠시 동안 심호흡을 연습함으로써 자신을 중심화 한다. 자기관찰을 연습하기 위해 자신에게 집중함으로써 개인적이고 전문적인 개발을 꾀할 수 있는 과정이다. 내면의 집중력을 키우고 마음을 조용히 하고 주의집중을 하면서 자신의 에너지가 습관적인 주의 집중에 어떻게 따라가는지 의식적으로 깨닫게 한다. 자신을 중심화 하는 연습을 해봄으로써 자신의 에너지를 습관적인 패턴에 놓기보다는 에너지를 의식적인 행위로 변화하는 것을 배울 수 있다.

중재자 (peacemaker)

9번 유형의 이해를 돕는 명칭이며 조화와 평화를 바라는 유형이다. 성격적 특성은 포용하고 믿을 줄 알며 안정적이다. 대체적으로 창의적이고 낙관적이며 남들을 잘 지지한다. 그러나 평화를 유지하기 위해 남들과의 좋은 관계에 지나치게 집착하기도 한다. 또한 모든 일이 불화 없이 순조롭게 진행되기를 원한다. 그러나 결점을 숨기고 문제를 단순화시키며 속상한 일은 무조건 축소시키려는 경향이 있다. 일반적으로 게으름과 외고집이 문제가 된다.

지그문트 프로이트 (Sigmund Freud 1856~1939)

오스트리아의 심리학자이자 정신분석학의 창시자. 비엔나대학 의학부에서생리학을 수학하고 학위를 취득하였다. 그 후 신경 병리학 연구나 신경질환 치료에 종사하여 인간 정신 중에는 무의식부분에서의 억압이나 저항 등의 작용에 의해 현실의 행동이 지배된다는 새로운 사상을 제창하였다. 그의 심리학은 정신분석학의 큰학파가 되어 이후의 심리학 발전에 대단히 큰 영향을 끼쳤다. 그가 가설한 인간행동의 가장 기본적인 원동력인 리비도는 성적인 색채가 강한 행동에너지이며 이러한 개념을 인간 정신활동의 기저로 놓음에 따라 그의 이론은 생물학적이라고 일컬어진다. 1938년 나치에 의해 런던으로 추방되었으며 다음해에 사망하였다.

지도자 (leader)

8번 유형의 이해를 돕는 명칭이며 힘있고 적극적인 유형이다. 성격적 특성은 자신감이 넘치고 자기주장이 강하다. 남을 보호하며 임기응변의 능력이 있으며 직설적이고 과단성이 있다. 그러나 자존심이 강하고 권력을 휘두르기도 한다. 이들은 자신들이 주변의 환경 특히 사람들을 통제해야 한다고 생각한다. 가끔 남들과 대결을 하며 협박하기도 한다. 일반적으로 화를 조절하고 약점이 있는 것을 인정하는 것을 어려워한다.

지배중심 (dominant center)

정보를 처리하는 두 중심 가운데 정보처리과정에 주도적으로 관여하는 중심을 지배중심이라고 한다.

지식 (knowledge)

인지, 재생 등에 의하여 아이디어나 자료 또는 현상을

기억해 내는 행동

지적영역 (cognitive domain)

Bloom 등은 교육목적이 추구하는 인간행동의 변화를 세 가지 영역(인지, 정의, 신체적 영역)으로 구분하였는데 그 중 지적영역은 지식, 이해력, 사고력, 분석력, 종합력, 평가력 등의 영역을 말한다. Bloom은 학습과제를 총 6가지의 인지적인 영역으로 구분하여, 이에 맞는 처치를 해야 수업의 질을 보장받을 수 있다고 하였다. Bloom의 분류는 학습내용 분석 기준으로 많이 사용한다. 지식, 이해, 적용, 분석, 종합, 평가로 갈수록 고차원적인 인지기능이 필요함을 알 수 있다.

지지중심 (supportive center)

정보를 처리하는 두 중심 가운데 정보처리과정에 지배중심과 나란히 하지만 두 번째 자리에 있는 중심을 지지중심이라고 한다.

진정한 자기 (real self)

성격으로부터 본질로 우리의 정체성이 이동하는 것은

바로 진정한 자기, 본질의 차원 높은 자아를 인식하는 것이다. 본질로 이동하는 것은 우리 자신으로부터 도피가 아니며, 우리를 부자유하게 하고 고통 받게 만든 우리 자신의 측면으로부터 자유가 성장하는 것이다. 본질로 이동하는 것은 우리가 가진 개성을 부인하는 것이 아니라, 우리가 심오하게 살고 심원성과 연결될 기회가 되는 것이며, 최고도의 긍정적인 것이다.

질투 (jealousy)

1번 유형의 성적 하위유형을 뜻하는 말이다. 1번 유형의 성적하위유형은 대상보다 자기가 더 완벽하고 양심적이고 도덕적이지 못하면 죽음의 상태이다. 따라서 타인보다 더 완벽하고 양심적이고 도덕적인 상태이어야 한다. 때문에 자신을 타인과 비교하며 끊임없이 타인의 완벽함과 양심에 신경을 쓰는 상태를 의미한다.

집단경험 (group experience)

집단에서의 상호작용을 통해 개인이 체험하는 다양하고 복잡한 과정들을 지칭한다.

집단역동 (group dynamic)

집단 상황에서 개인에게 영향을 미치는 강력한 과정을 말한다.

집단적 무의식 (collective unconscious)

융이 제안한 독창적인 개념으로 우리가 태어날 때부터 가지고 나오는 누구에게나 보편적으로 존재하는 무의식의 층을 의미한다. 이는 한 개인이 가지고 있는 무의식의 일부이며 오래 전 세대로부터 물려받은 것으로 거의 모든 인류가 공유한다. 집단적 무의식은 인간에게 주어진 여러 가지의 원형(Archetype)들로 구성된다. 원형이란 지리적 차이, 문화나 인종의 차이와 관련 없이 존재하는 인간의 가장 원초적인 행동유형을 말하는 데 인류 역사의 산물인 신화, 민속, 예술 등을 통해 간접적으로 관찰될 수 있다. 이것은 마음을 성숙하게 해주는 창조의 샘이다. 시간이 흐르면 무의식의 바다에서 개인적 무의식과 자아(나)가 태어난다.

집착 (fixation)

두려움과 욕망에 마음이 쏠려 늘 잊지 못하고 매달린 상태를 말한다. 각 유형이 긍정적 특성으로 인해 자신이 선하다고 믿어 더욱 포로의 상태에 놓이게 된다. 이를 통해 더욱 집착하게 되어 각각의 유형의 특성이 발현된다.

체액설 (body fluid theory)

성격유형론의 초기 관점으로 히포크라테스(Hippocrates)에 의해 주장되었다. 그는 인간의 육체란 피, 점액(phlegm), 황담즙(yellow bile) 그리고 흑담즙(black bile)으로 구성되어있다고 하였다. 이 체액들이 육체의 각 부분을 형성하고 질병과 건강의 원인이 된다. 건강한 상태를 유지할 때 관계된 구성성분들이 강도와 양 두 측면에서 정확한 비례를 이루면서 잘 섞여 있다. 그 구성성분들 중 하나가 너무 부족하거나 혹은 과다할 때 또는 육체에서 빠져나가거나 혹은 다른 것과 섞여 있지 않을 때 고통이 발생한다고 하였다.

체질론 (constitutionalism)

체질론은 환경의 영향에 의해 성격이 형성되기 보다는 체질에 따라 달라진다는 주장으로 체질(constitution)이라는 용어가 사용된 것은 15세기부터이며, 16세기에 처음으로 몸의 특성이나 건강에 관련시켜 생각하는 경향이 생겨났다. 유전을 중심으로 생각하는 체질론자들은 유전체질(遺傳體質:Genokonstitution), 또는 비유전체질(Parakonstitution)로 분류한다. 1935년 크레치머(Ernst

Kretschmer, 1888.10.8 ~ 1964.2.8)는 〈체격과 성격-체질의 문제 및 기질의 학설에 관한 연구〉라는 체질학과 심리학에 대한 친화성(親和性)을 설명한 논문을 발표하였다. 논문에서 그는 유명한 비만형(肥滿型)과 조울병(躁鬱病), 세장형(細長型)과 정신분열병(精神分裂病)의 친화성을 설명하였으며, 이런 생각은 17세기부터 막연하지만 학자들의 경험으로 전달되었던 것을 체계화한 것이다.

초대 (invitation)

에니어그램은 신성한 사고에 이르는 각 유형별 상태를 초대 또는 소명이라고 하며 1번 유형 신성한 완벽, 2번 유형 신성한 의지(자유), 3번 유형 신성한 법칙(희망), 4번 유형 신성한 근원, 5번 유형 신성한 전지(투명), 6번 유형 신성한 신념, 7번 유형 신성한 지혜(계획), 8번 유형 신성한 진실, 9번 유형 신성한 사랑의 상태를 말하며 변화(회개)를 위한 특별한 초대를 또는 소명의식을 부여하고 있다.

초월심리학 (transpersonal psychology)

다층(多層)의 의식 상태를 가정하여 특히 지각되지 않는 외부로부터의 심리적 영향을 연구하는 심리학이다. 초월

심리학은 개인의 행동과 의식을 초월하는, 우주적이며 신비적인 경험, 영혼과 신성한 경험, 명상과 같은 초월적인 정신수련을 통해 경험되는 고도의 정신 현상과 초월의식의 세계, 자연과의 조화와 합일의 세계를 다루는 심리학이라고 할 수 있다.

추방적 (expulsive)

프로이트의 남근기에 해당되는 우월적 성격과 관련된다. 사회적 성공은 남근의 우월적 성격을 나타낸 것으로 업적과 성취를 통하여 사회에 표출되어 인정을 받으려는 경향으로 나타난다.

충성가 (loyalist)

6번 유형의 이해를 돕는 명칭이며 충성하고 안전을 중시하는 유형이다. 성격적 특성은 의지할 수 있고 열심히 일하며 책임감이 강하고 믿을만하다. 훌륭한 '문제해결사'로 문제를 파악하고 협력을 촉진할 줄 안다. 반면 방어적이고 회피적이고 근심이 많은 사람이 될 수도 있다. 불만을 갖는 동안 스트레스에 시달리기도 한다. 성격이 우유부단하고 신중 할 수 있으며 반동적이며 반항적으로 되기도 한다. 일반적으로 자기 부정과 의심의 문제점을 갖고 있다.

친구(6w7) (the buddy)

에니어그램에서 날개유형의 개념을 파악하고 나면 6w7번 유형을 이해할 수 있다. 6번 유형의 사람이 7번 유형의 날개를 좀 더 취하여 살아가는 유형으로 친구의 성격을 보여준다. 6w7인 친구의 사람은 7번 유형의 날개를 취할 때, 생각하고 행동하는데 있어서의 두려움, 완고함은 자발성과 혁신적인 생각으로 균형을 이루게 된다. 그렇기 때문에 관계를 잘 맺고, 친절하고, 쾌활하고 사회적인 사람이 된다. 하지만 이 유형의 사람은 두려움으로부터 더욱 빨리 도망가거나 자신을 덜 심각하게 생각할 위험이 있다.

침착 (serenity)

1번 유형의 미덕으로 최선의 선택 혹은 최선으로 행할 일이 무엇인가를 구분해 내기 위해 자신의 열정과 선입견을 배제하고 현실주의와 객관성을 갖춘 상태이다.

침해 (violation)

발달수준 7수준에 해당하는 것으로 다양한 여러 이유 때문에 개인의 방어가 작동되지 않고 심각한 반응이 나타나는 단계이다. 각 유형은 건강하지 못한 자기보호 반응인 다른 생존 전략을 채택하게 되는데, 자아를 강화하기 위한 필사적인 시도로서 이 반응은 자아의 통합이나 다른 것들의 통합을 침해하고 심각한 대인갈등을 만들어낸다. 이 수준은 매우 심각한 불균형 상태에 처해 있는 상태이며, 성격은 불건강한 수준에 놓여있게 된다(Riso, 1996).

카렌 호나이 (Karen Horney, 1885~1952)

함부르크주 출생. 독일 베를린의과대학을 졸업한 후, 1932년 미국의 시카고 정신분석연구소의 부소장직을 맡으면서 미국으로 이주하였다. 1934년부터 뉴욕의 정신분석연구소와 뉴욕의과대학에서 근무하였다. 인격의 형성에 사회적 · 환경적 요인의 중요성을 강조하여 프로이트의 생물학적인 범성욕설(汎性慾說)을 비판하였다. 신경증 발생의 주요원인을 자본주의 사회 메커니즘에 두었고, 여성의 역사적 · 사회적인 종속적 지위에 대하여서도 연구 실적을 남겼다. 삼각관계성을 나타내는 에니어그램 성격유형은 호나이의 성격유형론과 신프로이트의 리비도형과 일치한다. 신프로이트에서의 세 가지의 구순형(에니어그램 9, 5, 4)은 호나이의 유형론인 '후퇴형(withdrawn types)'에 해당된다. 항문형(에니어그램 6, 2, 1)은 호나이의 '순응형(compliant types)', 남근형(에니어그램 3, 8, 7)은 호나이의 '공격형(aggressive types)'에 속한다.

클라우디오 나란조 (Claudio Naranjo, 1932~)

칠레의 심리학자이며 통합 심리학과 영적 전통의 선구자로 알려져 있다. Seekers After Truth Institute의 설립자이며, 이카조가 도입한 에니어그램 유형론을 중심으로 구르지에프 사상체계의 확립에 기여한 바가 크다. 죄와 병리학 사이의 관계를 에니어그램에서 조명했으며, 성격장애 및 성격 노이로제에 대한 설명을 통해 에니어그램을 발전시켰다. 오늘날 우리 사회의 병리학적 문제를 에니어그램으로 설명하면서 건강하고 영적인 사회를 위한 공헌을 하였다. 그의 저서(Enneagram of Society가 '에니어그램 사회: 세상과 영혼을 치유하기(윤운성 역, 2012)'으로 번역되었다.

타당도 (validity)

검사에서 도출된 특정의 추론이 적절한지, 의미가 있는지 그리고 유용한지에 대한 개념이다. 타당도는 일반적으로 내용타당도, 준거타당도 구인타당도 등으로 나뉜다.

타당성 (verifiability)

어떤 판단이 가치가 있다고 인식되는 것이다.

탐닉 (indulgence)

7번 유형의 악덕으로 과도한 양의 쾌락으로 스스로를 꽉 채우는 것으로 더더욱 많이 채우려고 시도할수록 더더욱 많이 박탈당했다고 느끼고 그들이 추구하는 행복을 찾을 수 없다.

탐욕 (avarice)

5번 유형의 악덕으로 모든 지식을 소유 하고 싶어 하고 박식해지고 싶어 하며 주변 환경에 대해 모두 알고 싶어 한다. 자신들이 완전히 방어할 수 있게 모든 것에 대한 답을 알고자 한다.

태도 (attitude)

특정 대상에 특정 방식으로 반응하는, 안정적이고 지속적으로 학습된 경향성을 말한다. 융의 심리학에서 두 가지의 태도 즉 내향성과 외향성이 있다.

테드 던 (Tad Dunne)

1970년대에서 가톨릭 공동체의 일환으로 북미 지역에서 에니어그램을 개발했다. 태드 던 신부는 영혼과 실용적인 관점에서 9가지 충동의 포괄적인 이해를 제공하고 있다. 테드 던에 의한 자아의식과 행동방식과 리소의 사회적 방식은 약간의 유형별 구분을 달리하고 있다. 리소의 사회적 방식에서 8, 3, 7번 유형을 공격형으로 보는 것과는 달리 테드 던은 자아의식과 행동방식은 서로 교차공유하면서 통합의 방향으로 행동방식을 분류하면서 8, 3, 1번 유형을 공격형으로 분류하고 있다.

통찰 (insight)

자기 자신에 대하여 현실적이고 논리적이며 합리적 인식과 사고를 증진시킬 수 있는 깨어있는 의식의 상태에 있는 것으로 예전에 미처 몰랐던 것을 한순간에 깨닫게 되는 자각의 순간을 말한다.

통합 (integration)

건강하고 자기실현을 이루는 성격의 성숙도를 말하며, 스트레스와 긴장되지 않은 상태에 있을 때 나타나는 성격을 말하기도 한다. 통합은 본질과 영적인 능력을 발전시키기 위해 각 유형의 힘을 끌어당길 수 있게 우리를 돕는다.

투사 (projection)

자신이 무의식에 품고 있는 공격적 계획과 충동을 남의 것이라 믿고 남에게 던져 버리는 정신기제이다. 즉 용납할 수 없는 자기 자신 내부의 문제나 결점이 자기 외부에 있는 것으로 생각하는 것이다. 6번 유형이 취하는 방어기제로 자신을 두렵게 만드는 대상이 타인이라고 책임 전가를 한다. "00 때문이야!"를 외치기도 한다. 비논리적인 공격성으로 타인에게 상처를 줄 수도 있다.

특권 (privilege)

2번 유형의 자기보존 하위유형을 뜻하는 말이다. 이들은 자신이 다른 사람에게 충분히 필요와 욕구를 들어주었기 때문에 자신은 충분히 사랑스럽고 보상을 받아야한다고 생각하는데, 이를 특권이라고 한다.

특성이론 (trait theory)

개인을 각기 다양한 심리적 특성을 지닌 존재로 가정하고서, 많은 사람들에게 공통적이라 여겨지는 여러 가지 특성을 발견하여, 개인을 그러한 특성을 가진 정도에 비추어 기술(記述)하고, 이해하려는 입장이다.

페르조나 (persona)

본디 연극배우가 쓰는 가면을 가리키는 말이었으나, 그것이 점차 인생이라는 연극의 배우인 인간 개인을 가리키는 말로 쓰이게 되었다. 철학용어로는 이성적인 본성(本性)을 가진 개별적 존재자를 가리키며, 인간 · 천사 · 신 등이 페르조나로 불린다. 즉, 이성과 의지를 가지고 자유로이 책임을 지며 행동하는 주체를 말한다. 융에 의하면 페르조나란 자아의 편에 서서 외부세계와 '협상하는' 의식의 일부분인데, 다시 말하여 페르조나는 우리가 사회인으로서 행동할 때 착용하는 가면과도 같은 것이다. 페르조나는 사회적 계층, 직업, 문화, 국적 등에 의하여 결정되는데, 우리는 상황마다 각기 다른 페르조나를 사용한다. 정신적인 건강과 평정은 페르조나가 얼마나 잘 채택되었는지에 달려있다. 페르조나가 사회적 교환(social exchange)을 가능하게 하기 때문이다. 그런데 자아가 페르조나에 지나치게 동일시하면, 개인은 자신이 연기하는 역할에 갇혀버릴 위험에 빠진다. '완벽한 페르조나'는 일 방향적이고 완고하며 외골수적인 인격을 만든다.

편집성 성격장애 (paranoid personality disorder)

타인들의 동기를 악의에 찬 것으로 해석하는 등 광범위한 불신과 의심이 성인기 초기에 시작되어 여러 가지 상황에서 나타나며 다음 특성 중 4개 항목을 충족시키면 진단을 내린다. : 충분한 근거 없이 타인들이 자신에게 해를 가한다고 생각, 타인에 대한 부당한 의심, 정보가 악의적으로 사용될 것이라는 공포 때문에 터놓고 얘기 못함, 사소한 말이나 사건 속에서 자신을 위해하려는 의도가 있다고 봄, 원한을 오래 간직, 자신이 공격당했다고 느끼면 즉시 반격, 이유 없이 배우자의 정절에 의심(DSM-IV, 1994).

평가 (evaluation)

어떤 목적에 견주어 자료와 방법의 가치를 판단하는 능력. 준거지향 평가 포함

포괄성 (comprehensiveness)

하나에 인지, 정서, 행동 등 전 영역이 모두 포함이 되는 즉 모든 것을 가지고 있는 정도를 나타낸다.

프로이트(Freud)와 에니어그램

프로이트에 의하면, 아동기에 심리적 에너지인 리비도가 3 영역에 고착되어 존재하는데 이것이 3단계 심리성적 이론이다. 리비도가 입주위에 고착되는 구순기, 배변훈련동안 항문 주위에 고착되는 항문기, 생식기 주변에 고착되는 남근기가 있다. 신프로이트 심리성적이론의 변증법에 의하면, 일반적으로 각 리비도 단계에 마음의 세 가지 일반적 성향, 즉 수용적이고(receptive), 보존적이고(retentive), 추방적인(expulsive) 성향이 있다는 것이다. 구순기, 항문기, 남근기는 아래와 같은 범주를 형성한다.

프로이트의 3단계 (three stages of Sigmund Freud)

프로이트에 의하면, 아동기에 심리적 에너지인 리비도가 3 영역에 고착되어 존재하는 데 이것이 3 단계 심리성적 이론이다. 리비도가 입 주위에 고착되는 구순기, 배변훈련동안 항문 주위에 고착되는 항문기, 생식기 주변에 고착되는 남근기가 있다. 그러나 각 단계별 행동은 무엇이고, 이는 어떻게 해결해야 하고, 그 결과 어떤 성격 유형이 초래되는 지에 대한 정확한 기술이 학자마다 다를 뿐만 아니라 사용하는 용어도 다양하다.

피학증 (masochism)

보통 성적 피학증의 의미로 많이 쓰이고 있다. 성적 피학증은 자신이 상대방으로부터 모욕을 당함으로써 성적인 만족을 얻는 것을 말한다. 하지만 성과 관련되지 않고서도 자기에게 손해가 되거나 고통을 받을 수 있는 행동을 선택하는 사람들이 겪는 것을 의미하기도 한다. 일반적으로 즐거움을 얻을 기회는 피하고, 타인의 도움 또는 이익을 볼 기회를 거절한다. 고통스러운 결과가 초래될 것이 뻔하고 고통을 회피할 수 있는 기회가 있음에도 불구하고 고통스러운 쪽을 반복해서 선택한다.

하모닉 그룹 (harmonic group)

에니어그램에서 연결시키는 선은 없지만 공통적인 주제와 문제가 이들 유형을 결합시킨다. 이들은 착각되기도 쉽고 외형적으로도 혼동되기 쉽다. 하모닉 그룹은 자신의 주된 욕구가 충족되지 않을 때 에니어그램의 각 유형이 어떤 태도를 취하는지를 말해주는 모형이다. 이는 우리의 성격이 상실과 실망을 겪을 때 자신을 방어하는 기본적인 방식을 드러내 보여주는 것이다. 즉, 관계 속에서 각 유형별 갈등과 어려움을 어떻게 대처하는 가를 보여 준다. 하모닉 그룹은 긍정적 태도그룹(The positive outlook group : 9,7,2), 능력그룹(The competency group : 3,1,5), 반응그룹(The reactive group ; 6,4,8)으로 구분할 수 있으며 각각의 그룹은 갈등상황에서 같은 방식의 태도를 보이게 된다(Riso & Hudson, 1999).

하위유형 (subtype)

에니어그램의 9가지 유형과는 관계없이 밑에 본능적 유형이 세 가지가 있다. 하위유형은 생존본능으로 동물적 본질을 반영한다. 이것은 삶에서 필요한 세 가지 기본 본능에 기초를 두고 있다. 즉 자기 보존(개인적 생존,

self-preservation), 일대일 성적(일대일 상황에서의 생존, sexual), 사회적(단체, 지역사회에서 생존, social) 유형으로 분류된다. 따라서 한국형에니어그램의 하위유형은 통상적으로 약자를 지칭하는 용어를 사용하고 있다. 즉 자기보존 하위유형은 SP, 일대일의 성적유형은 SE, 사회적 하위유형은 SO로 사용된다. 각 유형별 하위유형은 아래 표와 같다.

유형	개인적 (성적)	사회적	자기보존적
2	유혹	야망	특권
3	남성성 / 여성성	위엄	안정
4	경쟁	부끄러움	용감
5	자신감	문화적 상징	나의 집
6	강함/아름다움	의무	온화
7	매혹	사회적 희생	가족
8	소유/굴복	우정	만족적 생존
9	조화	참여	식욕
1	질투	부적응	걱정근심

한국형에니어그램 (Korean Enneagram)

윤운성(2001c)이 개발한 한국형 에니어그램 성격유형 검사지(Korean Enneagram Personality Type Indicator: KEPTI)

와 한국형에니어그램 5단계 프로그램을 말한다. 한국형 에니어그램 성격유형검사는 성인용(KEPTI)과 청소년용(KEPTI-J), 진로 및 학습유형검사(KEPTI-CLS), 아동용(KEPTI-C)으로 구분되어 있으며, 한국형에니어그램 프로파일 및 응답지로 구성된 9가지 성격유형의 한국판 표준화검사지이다. 이 검사지를 통하여 자기를 관찰하고 이해하여 건강한 자기변형을 도모하기 위해 개발된 한국형 에니어그램 5단계 프로그램을 포함한다. 한국형에니어그램 5단계 프로그램은 한국에니어그램교육연구소를 통해 국내에 소개되고 있다.

한국형에니어그램 5단계 프로그램
(five stages of Korean Enneagram program)

윤운성(2001b)에 의해 개발된 '한국형에니어그램 5단계 프로그램'을 말한다. 즉 1단계: 에니어그램 이해(나를 찾아가는 여행), 2단계: 에니어그램 탐구(나의 길을 따라가는 여행), 3단계: 에니어그램 적용(너와 내가 함께 가는 여행), 4단계: 에니어그램 평가(통합으로 가는 여행), 4.5단계: 심층 에니어그램 의식수준(여기 그리고 지금), 5단계: 에니어그램 슈퍼비전(가르치고 배우는 여행)을 말한다. 지금까지 학계, 종교계, 기업계, 사회단체 등 각계각층의 100,000여명 이상의 지도자들이 수강하였고 또한 그들에 의해 국내에 전파되고 있다. 강의, 시청각 교수매체, 토의 및 발표, 명상, 춤치료, 인터뷰, 반복질문, 역할극, 패널지도, 강사훈련, 무의식관찰, 고백 등 다양한 방법을 통해 내면의 모습을 드러내고, 서로를 치유하는 기회를 갖는다. 특별히 참가자들의 소중한 경험을 토대로 에니어그램의 지혜와 본질에 접근하도록 안내하고 있다. 따라서 본 교육과정은 자기 자신의 통합적 자각을 통하여 곧 우주적 존재로서의 깨달음을 얻게 하는데 궁극적 사명을 다하고 있다.

한국형에니어그램 성격유형검사
(Korean Enneagram Personality Type Indicator: KEPTI)

윤운성(2001a; 2001b)이 개발하고 표준화한 9가지 성격유형을 81문항으로 된 한국형 에니어그램 성격유형 검사지로 청소년용과 성인용 그리고 진로 및 학습유형검사로 구분되어 있다. 5점 척도로 이루어진 이 검사의 Cronbach 알파계수는 .90, 재검사 신뢰도는 .89, Riso(1996)와 공인타당도는 .82로 유형별 문항의 양호도가 비교적 높은 검사도구이다.

한국형에니어그램성격유형검사 청소년용
(Korean Enneagram Personality Type Indicator: KEPTI-J)

한국형에니어그램성격유형검사-청소년용(KEPTI-J)는 9가지 성격유형에 대한 전국표준화 검사이다. 이 검사의 Cronbach 알파계수는 .88, 재검사 신뢰도는 .83으로 매우 양호한 검사이다. KEPTI-CLS는 우리나라의 문화적 특수성을 고려하여 엄격한 표준화 과정을 거쳐 개발된 한국형에니어그램성격유형검사(KEPTI)를 바탕으로 개발되었다. 본 검사는 정확한 자기발견을 통하여 건강한 청소년의 정체감과 청소년문화를 형성하는데 도움을 준다.

한국형에니어그램성격 하위유형검사
(Korean Enneagram Personality Sub-Type Indicator: KEPSTI)

윤운성(2013)이 한국형에니어그램성격유형검사(KEPTI, 2001)를 근간으로 개발한 27가지의 성격유형이다. 최초 243개의 예비문항을 요인분석을 통해 1차적으로 81개 문항을 분석한 후 최종적으로 27개의 문항을 선정하였다. 내적일치도 α=0.76 최종 문항에 대한 2주 간격의 재검사신뢰도는 .847(p<001, N=45)로 양호하게 나타났다.

에니어그램의 기본유형과는 별개로 인간 모두에게 삶에

대한 생존 본능적인 동기가 있다. 이를 하위유형(생존본능)이라 하며, 생존본능의 근원은 신체의 장과 밀접한 관계를 가지고 있다.

1) **자기보존 하위유형(self-preservation subtypes)의 사람**들은 매일 매일의 생존에 관심이 있다. 이 사람들은 일반적으로 방어적이고, 조심스럽고, 자족적이고, 개인적이며 예측하지 못한 수요나 재난에 대처할 수 있는 충분한 준비와 자원을 가지고 있다. 2) **성적 하위유형(sexual subtypes)의 사람**들은 사적이고 일대일 관계에 관심이 있다.(일대일 하위유형). 이 사람들은 일반적으로 강렬하고 경쟁적이며, 집중적이며 특별한 사람에게 사랑을 받거나 관심을 받는데 열중한다. 3) **사회적 하위유형(social subtypes)의 사람**들은 단체나 지역관계에 관심이 있다. 이 사람들은 일반적으로 사람들과 함께 있는 것을 좋아하며 집단을 통해 자극받기를 좋아하며, 사회 구성원의 역할을 중시한다.

이러한 생존 본능의 에너지를 우리는 9가지 유형의 열정과 결합되어 27가지 유형의 각각의 삶의 모습을 만들어 낸다. 건강한 성격은 하위유형(생존본능)에 대한 균형과 조화에 있다. 가장 먼저 우리가 우리의 선호된 하위유형을 찾음으로써 생존 기제를 이해하고 건강한 성격통합으로

갈 수 있다.

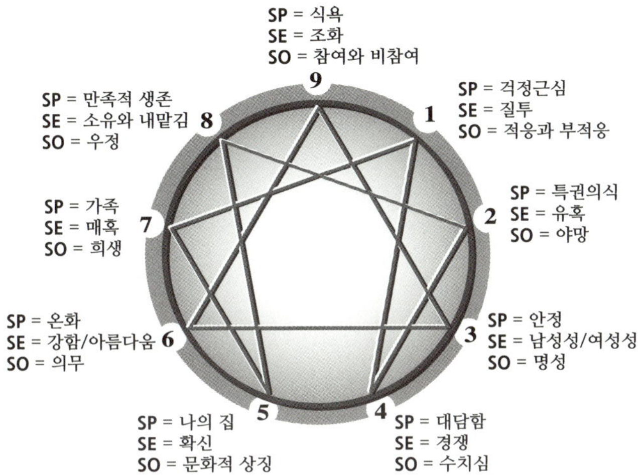

한국형에니어그램진로 및 학습유형검사 (Korean Enneagram Personality Type Indicator, Career & Learning Style: KEPTI-CLS)

한국형에니어그램진로 및 학습유형검사(KEPTI-CLS)는 9가지 성격유형에 대한 전국표준화 검사이다. 이 검사의 Cronbach 알파계수는 .88, 재검사 신뢰도는 .83으로 매우 양호한 검사이다. KEPTI-CLS는 우리나라의 문화적 특수성을 고려하여 엄격한 표준화 과정을 거쳐 개발된 한국형에니어그램성격유형검사(KEPTI)를 바탕으로 개발되었다. 본 검사는 정확한 자기발견을 통하여 건강한 청소년의 정체감 형성에 기여한다. 청소년들의 리더십 스타일과 진로 및 자기주도학습에 대한 정확한 분석을 통하여 건강한 청소년문화를 형성하는데 도움을 준다.

한국형에니어그램의 9가지 명칭
(9 title of Korean Enneagram)

문화적 타당도와 건강수준을 고려하여 건강한 수준에서 표기하고 있다(윤운성, 2001b). 1번 유형(개혁가), 2번 유형(조력가), 3번 유형(성취자), 4번 유형(예술가), 5번 유형(사색가), 6번 유형(충성가), 7번 유형(낙천가), 8번 유형(지도자), 8번 유형(중재자)이다. 이렇게 명칭을 일관성 있게 부여하는 것은 각각의 유형에 따른 타당도는 물론 각각의 유형 내에 존재하는 발달수준을 같은 수준의 의미로 표기함으로써 명확한 이해를 돕고자하여 2001년 부터 사용되고 있다. 예를 들어 1번 유형은 국내에서 개혁가, 완벽주의자 등으로 별칭 되지만, 발달수준에서는 다른 의미를 가지고 있다. 한국적 상황 속에서 발달수준을 고려하면, 개혁가라고 하면 통상적으로 발달수준 2-3수준에서 사용되는 건강한 용어로 사용되는데 비해, 완벽주의자라는 의미는 발달수준이 낮은 6수준의 용어로 이해되기 때문이다. 따라서 한국형에니어그램의 각각의 별칭은 대략적으로 건강한 2-3수준에서의 용어로 표기하고 있다. 이러한 한국형에니어그램의 별칭도 저작권에 등록되어있다(저작권등록 : 제C-2005-000486).

한국형에니어그램 요약 (윤운성, 2001b)

한국형에니어그램을 요약하면 다음과 같다.

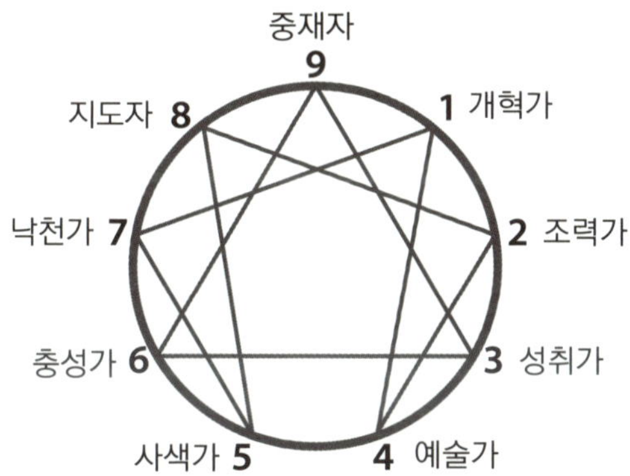

유형 번호	중심 영역	유형 별칭	유형의 특징	기능	회피	함정	약점	장점
2	감정 (가슴)	조력가	보호적, 모성애적 유형 : 배려하는, 도움이 되는, 소유욕이 강한, 조종하는 성격	감정이입, 이타주의	욕구	봉사	교만	겸손
3		성취자	성공지향적이고, 실용주의적 유형 : 자기확신에 차있고, 야망이 있으며, 자기도취적, 적대적 성격	자기존중, 자기개발	실패	효율	기만	정직
4		예술가	명상적이고 수줍은 유형 : 창조적, 개인주의적이며, 수줍어하고, 우울한 성격	자의식, 예술적 창의성	평범	독특	선망	마음의 평안
5	사고 (머리)	사색가	지적이고 분석적인 유형 : 통찰적, 독창적, 괴짜, 병적 공포심이 많은 성격	열린마음, 독창적 사고	공허	지식	탐욕	애착하지 않음
6		충성가	의무적, 전통적 유형 : 호감형, 책임감, 의존적, 매조키즘적인 성격	동일시와 사회협력	벗어남	안전	겁	용기
7		낙천가	활동적, 개방적 유형 : 열정적, 완벽한, 과도한, 광적인 성격	열정, 실용적 행동	고통	이상	정열	절제
8	본능 (장)	지도자	강력하고 지배하는 유형 : 자기 신념, 단호함하고 독재적, 파괴적인 성격	자기주장, 지도성	나약	정의	과도한 욕망	적절한 힘
9		중재자	태평하고 수용적 유형 : 수용적, 믿음직함, 수동적, 억압적인 성격	수락성, 수용성	갈등	연결	자기 망각	행동으로 옮김
1		개혁가	합리적이고 이상적인 유형: 이성적, 원칙적, 규범적, 완벽주의적, 편협한 성격	합리성, 사회적 책임감	성냄	완전	분노	침착

함정 (trap)

에니어그램은 우리의 사고 속에 존재하는 자아고착 상태의 에너지를 함정이라 한다. 1번 유형 분개, 2번 유형 아첨, 3번 유형 허영, 4번 유형 우울, 5번 유형 인색, 6번 유형 비겁, 7번 유형 계획, 8번 유형 복수, 9번 유형 게으름의 상태를 말하며 변화(회개)를 위한 특별한 초대를 또는 소명의식을 부여하고 있다.

합리화 (rationalization)

인식하지 못한 동기에서 나온 행동을 지적으로 그럴듯하게 이치에 닿는 이유를 내 새우며, 흔히 자기 보호와 체면유지를 위해 사용하기도 한다. 7번 유형이 취하는 방어기제로 자기 자신의 실수나 실패에 직면하려 하지 않고 논리적이고 객관적으로 그 상황을 합리화 한다. 여기서 논리적이라 함은 적절치 않은 논리로 적절하게 상황 판단을 한다는 것이다.

항문기 (anal stage)

프로이트는 성적 에너지를 뜻하는 리비도가 집중적으로 표출되는 신체부위에 따라 성격발달단계를 구분하였다. 1

세 6개월에서 3세 사이에 아동은 배설에 의한 쾌감을 통해 리비도의 만족을 구하고자하는 항문기(anal stage)에 접어 든다. 이 시기에 부모들이 요구하는 배변훈련이 항문기 욕구의 심각한 좌절을 일으키게 되면 낭비하거나 어지럽히며 지저분하게 하는 항문기 폭발적 성격을 보이거나 반대로 지나치게 청결하고 정돈과 질서에 신경을 쓰는 항문기 강박적 성격을 보이기도 한다.

항문적 보존 (anal preservation)

1번 유형과 일치한다. 항문적 보존형인 1번 유형은 절약(frugality), 완고(obstinacy), 규율(orderliness)에 의해 특징지워지는데 이는 에니어그램 성격유형 1의 요소들과 일치한다. 1번 유형은 도덕원리에 의해 깨끗하게 지켜야 한다고 긴장하며 살아가게 된다.

항문적 수용 (anal accept)

6번 유형과 일치한다. 항문 수용적 유형인 6번 유형은 사회체제를 중요하게 생각하고 사회에 유익하도록 내가 지켜야한다고 생각하며(수용) 현실과 타협하지 않는 유형이다.

항문적 추방 (anal deportation)

2번 유형과 일치한다. 항문적 추방형인 2번 유형은 모든 사람들에게서 사랑과 관심을 간절히 원하고 자신의 삶을 살아가기 위해서 다른 사람들에게 반드시 필요한 사람이 되어야 한다고 믿는다. 자기 의견을 다른 사람들에게 강요하며 봉사한 것을 자랑하려고 한다.

해방 (liberation)

자유를 억압하는 어떤 제한이나 압박으로부터 벗어난 상태를 말한다.

핵심감정 (core emotion)

에니어그램에서 핵심감정은 열정 즉, 각 유형의 감정적 에너지를 공급하는 습관적인 감정반응이나 느낌의 상태를 말한다. 에니어그램에서 9유형의 핵심감정은 1번 분노, 2번 교만, 3번 기만, 4번 선망, 5번 탐욕, 6번 의심, 7번 탐닉 8번 관능, 9번 나태로 나타난다.

행동 (behavior)

활동과 반응 전반을 지칭하는데 주로 관찰 가능한 움직

임과 변화를 동반한다.

행동방식 (behavioral way)

각 유형이 세상과 관계하는 방식을 행동으로 나타내는 것을 말한다, 인간은 누구나 자신의 내적인 인식정도에 따라 행동하는 것이 달라지고 그런 행동에 따라 외부로 나타나는 행동방식에 의해 그의 성격을 알 수 있다.

행동으로 옮기기 (right action)

9번 유형의 미덕으로 수동성 혹은 해방의 형태 대신 희망적 혹은 열성적으로 주의를 기울이며 해야 할 일을 제때에 적극적으로 수행한다.

행동주의적 접근 (behaviorism)

행동주의(Behaviorism)는 직접적으로 경험이나 의식을 대상으로 하는 것이 아니고, 실증적으로 관찰될 수 있는 행동을 자극-반응(S-R)이라고 하는 유형으로 분석해서 연구하는 심리학을 말한다. 1913년 왓슨(Watson)에 의해 제창되었다. 초기 행동주의는 19세기의 동물심리학과 생리학자 파블로프(Pavlov)의 조건 반사학, 기능주의 등의 영향을 받고 형성되었고, 감각, 감정, 사고의 모든 것이 자극과 반응의 관계로 치환될 수 있다고 보았다. 행동주의의 등장은 사람과 동물의 공통적인 행동의 성질과 기능을 연구하는 길을 열었고, 조건부여에 의한 습득행동의 중시는 교육의 가능성에 대해서도 시사하는 바가 크다고 할 수 있다.

현상학적 접근 (phenomenological)

과학적 연구를 위해 객관적 사실만을 연구대상으로 하는 실증주의를 비판하고 등장한 현상학적 접근방법은 현상에 대한 개개인의 지각으로부터 그의 행태가 나온다고 주장하는 철학적 · 심리학적 접근방법으로 주관적 접근방법에 해당한다. 행정학 연구에 현상학적 접근방법을 도입한 연구는 하몬(M. Harmon)의 행위이론(action theory)으로 인간의 행위가 합목적적이고 의도적이며, 인간은 그들이 종사하고 있는 활동과 관련해서 그들 자신을 성찰할 수 있는 책임 있는 행위자임을 암시한다. 따라서 현상학적 접근방법은 인간성에 대해 결정론적 입장보다 임의론적 입장을 취한다(성격심리, 홍숙희 2009).

현실주의자(7w8) (the realist)

에니어그램에서 날개유형의 개념을 파악하고 나면 7w8번 유형을 이해할 수 있다. 7번 유형의 사람이 8번 유형의 날개를 좀 더 취하여 살아가는 유형으로 현실주의자의 성격을 보여준다. 7w8인 현실주의자의 사람은 장형인 8번 유형의 날개를 취할 때 쾌락추구 행복추구의 접근에 생존본능이 추가되므로 계획할 때 현실감각이 생기고, 즐거움을 추구하는데 적절함을 가지게 된다. 또한 더 직접적이고 자신감을 가지고 고통을 잘 참게 된다. 하지만 이유형의 사람은 사람과 사물에 대한 충동적인 소비에 더욱 동기화되는 것에 주의할 필요가 있다.

현실착각 (reality illusion)

타고난 기본유형이 세 가지 자아의식으로 고착되어 나타나는 인생관(성취)에 대한 잘못된 인식이다.

홉킨스 (David R. Hawkins)

데이비드 홉킨스 박사는 "Power VS Force(의식혁명)"의 저자이자 정신과 의사이며 인간 정신의 진화에 관한 전문가이다. 그는 서양의 지식인으로서는 처음으로 첨단

과학의 빛에 비추어 옛 성인들이나 신비주의자들이 말하는 진아(眞我), 신, 또는 실체의 본질을 확신할 수 있음에 대해 현대의 입자물리학(particle physics)와 비선형 역학(nonlinear dynamics)이 이룩한 혁명적인 발견의 빛에 의해 조명하여 밝혀냈다(이종수 역, 1997).

확신 (confidence)

5번 유형의 성적 하위유형을 뜻하는 말이다. 5번 유형의 성적하위유형은 대상이 자기가 가지고 있는 지식과 정보의 가치를 인정하지 않으면 죽음 상태이다. 따라서 자기의 지식과 정보를 인정하는 대상을 찾으려 한다. 때문에 자신의 지식을 축적하여 알아낸 노하우를 인정하는 대상을 찾아 확신이 생겨야 하는 상태를 의미한다.

환경론 (environmentalism)

생물 및 인간의 구조와 행동에 환경이 끼치는 영향이 큰 것으로 보는 학설이다.

황담즙질 (yellow bile)

히포크라테스는 체액을 혈액 · 점액 · 황담즙 · 흑담즙으로 나누고 이 4가지가 적당한 비율로 섞여 있지 않고 어느 하나가 너무 많거나 적으면 지배적인 체액에 따라 기질이 결정된다고 보았다. 황담즙질은 담즙이 지배적인 체액으로서 스스로 결정하는 성향이 강하고 자신의 능력에 확신을 가지며 매우 진취적이다. 자신이 원하는 방향으로 계획을 추진하며 분석적으로 추정하기보다 직관으로 결정한다. 일에 차질이 생겼을 때는 재빨리 대처하며 단호하게 처리한다. 모든 일을 낙천적으로 생각하여 한번 일을 계획하면 불가능한 상황이어도 쉽게 바꾸지 않는다. 다른 사람들의 생각에 그다지 영향을 받지 않으며 남들이 동의하지 않아도 계속 매진하므로 자기 과신에 빠지기 쉽다. 모험심이 강하여 어려움에 처할수록 더욱 더 고무된다.

회피 (avoidance)

에니어그램 심리학은 9가지 유형의 회피를 정확히 끄집어 내어준다. 이러한 회피들은 습관적 또는 잠재적 성격에 있어 중요한 역할을 한다. 우리의 자아감, 우리의 방어체계가 회피 장소에 대부분 내재(內在)해 있다. 그들이 하는 방식으로 행동하게 하는 많은 것 그리고 그들이 정서적 세계를 어떻게 경험 하느냐 하는 것은 회피의 결과다. 즉, 이러한 편견(preoccupation)을 부정하는 것이다.

회피성성격장애 (avoid personality)

다른 사람과의 만남에 대한 불안과 두려움 때문에 사회적 상황을 회피함으로써 적응에 어려움을 나타내는 경우를 말한다. 사회적 억제, 부적절감, 부정적 평가에 대한 과민성이 성인기 초기에 시작되고 여러 가지 상황에서 나타나며, 다음 특성 중 4개가 해당되면 진단을 내린다. : 비난이나 거절이 두려워 대인관계가 요구되는 활동 회피, 호감에 대한 확신이 서지 않으면 대인 회피, 대인관계를 친밀한 관계에만 제한, 사회적 상황에서 비난이나 거부에 사로잡힘, 대인관계 상황에서 위축, 사회적으로 무능하다고 지각, 당황하는 모습을 피하고자 활동에 관여하지 않음 (DSM-IV, 1994).

후퇴 (퇴행, regression)

좌절을 심하게 당했을 때 또는 아주 심한 스트레스를 받았을 때 유치한 수준으로 후퇴하는 현상을 말한다. 5번 유형이 취하는 방어기제로 기억과 상상 속에서 지나간 과거를 느끼지만 감정 자체를 상당히 두려워한다. 미성숙할수록 감정, 성생활, 육체적 접근을 회피한다. 상상 속의 나를 가둬둔다.

후퇴형 (moving awawy from people)

카렌 호나이의 3가지 책략 중 사람들을 회피하는 방식을 취하며, 이들은 남들로부터 고립을 통하여 자신을 방어해야 한다고 느낀다. 대분 고립과 철수를 통해 자신을 보호한다. 에니어그램 성격유형에서는 이에 속하는 유형은 5, 9, 4번 유형이다.

흑담즙질 (melancholio)

우울질이라고도 한다. 히포크라테스는 체액을 혈액 · 점액 · 황담즙 · 흑담즙 등으로 분류하고 이 체액이 적당한 비율로 섞여 있지 않고 어느 하나가 너무 많거나 적으면 지배적인 체액에 따라 기질이 결정된다고 보았다. 이 기질은 흑담즙이 지배적인 경우로서 여러 기질 가운데 가장 신중하고 민감하며 일반적으로 지능지수가 높다. 음악 · 미술 · 운동 등의 예술 분야에 뛰어나다. 잘 감동하고 상처받기 쉬우나 사려 깊으며 가치 있고 유익하며 창조적인 생각을 해낸다. 분석력이 뛰어나고 잠재적인 문제점을 끄집어

내며 완벽주의자적인 성향이 있다. 앞에 나서기보다는 뒤에서 일하기를 즐긴다. 때로 자신을 따르는 사람들을 위하여 헌신하려는 욕구가 있어 매우 희생적인 삶을 선택하기도 한다. 과식 · 게으름 등 자신의 편안함을 쫓지 않는다. 정해진 시간과 자신이 세운 높은 수준을 지키기 위하여 늘 일에 매달린다. 큰 일을 해내고 나면 몸과 마음이 탈진하여 깊은 좌절감에 빠지기도 한다.

희생 (sacrifice)

7번 유형의 사회적 하위유형을 뜻하는 말이다. 7번 유형의 사회적 하위유형은 자기가 속해 있는 집단에서 즐거움이 없으면 죽음의 상태이다. 따라서 자기가 속한 집단에서 즐거움을 느끼려 한다. 때문에 자기가 집단에서 즐거움을 느끼기 위해서는 타인의 즐거움을 위해 자기의 희생이 있는 상태를 의미한다.

히스테리성 성격장애 (histrionic personality disorder)

타인의 애정과 관심을 끌기 위한 지나친 노력과 과도한 감정표현이 주된 특징이다. 이러한 특성이 성인 초기에 시작되며 관심의 초점이 되고자 하며, 다음 특성 중 5가지가 해당이 되면 진단을 내린다. : 다른 사람과의 관계에서 유혹적인 행동을 보이고, 피상적 감정표현, 관심을 끌기 위해 육체적 외모 활용, 인상적이지만 구체적 내용이 없는 대화양식, 과장된 감정표현, 높은 피암시성, 대인관계를 실제보다 더 친밀한 것으로 생각함(DSM-IV, 1994).

히스테리성 전환반응 (hysterical conversion disorder)

과거에는 히스테리성 신경증이라고 불렸으며, 전환 장애라는 명칭은 심리적 갈등이 신체적 증상으로 전환되어 나타난 것이라는 의미를 내포하고 있다. 한두 가지의 비교적 분명한 신체적 증상을 나타내는데 운동기능의 이상이나 신체 일부의 마비 또는 감각 이상 등과 같이 신경학적 손상을 시사하는 증상을 주로 나타낸다. 심리적인 요인이 관여된다는 증거가 있어야 한다(권석만, 2003).

히포크라테스 (Hippocrates B.C. 460~B.C. 370경)

고대 그리스의 의성(醫聖). 87권에 이르는《히포크라테스 전집》에서 질병의 증세에 따른 계통적 분류, 의료의 방법, 의사의 사명 등 근본적인 의료원칙을 수립했다.《히포크라테스의 의계(醫戒)》는 오늘날에도 변하지 않는 의술의 윤리로 통한다. 당시의 생물학적 지식에 근거하여 기본적인 인간 기질(예, 화를 잘 내는, 우울한)과 그 관련 특성들에 대해 철학적으로 이론화하였다. 예를 들어, 그는 황담즙질 또는 과다한 혈액질과 같은 신체적 속성이 기질에 있어서의 차이를 가져올 수 있다고 생각하였다. 그는 특성 및 유형 심리학이라는 전통을 창시하였는데, 이러한 전통의 최신판이 지난 세기의 초기에 시작되었다. 비록 현대의 과학적 방식으로 완전히 변형되긴 하였지만, 이러한 전통은 주로 현대적인 측정기법과 최신 생물학에 근거하여 여전히 매우 활발하고 훌륭하게 연구되고 있다. 사람들을 네 가지 기질 유형 중 하나에 할당하였다. 성마른(choleric)(성미가 급한, 신경과민의), 우울한(melacholic)(우울한), 다혈질의(saguine)(낙천적인) 및 점액질의(phlegmatic)(침착한, 냉담한). 그 시대의 (기원전 약 400년) 생물학에 따라서 Hippocrates는 각 기질들을 체액들 중의 우세한 한 가지에 귀속시켰다. 황담즙질, 흑담즙질, 혈액질 및 점액질. 성마른 기질은 황담즙질의 과다에 의해 야기되고, 우울한 기질은 흑담즙질의 우월을 반영하고, 다혈질의 사람은 매우 많은 혈액질을 가지고 있으며, 그리고 점액질 사람은 점액의 과다를 보여준다. 또한 그는 사람의 체액을 황담즙질(yellow gall), 흑담즙질(black), 혈액질(blood), 점액질(phlegm)구분하였다.

힘 (force)

힘은 홉킨스 박사의 "의식혁명"에서 다룬 개념으로 200룩스 이하의 부정적인 의식수준에서 나오는 에너지이다. 힘은 외부의 자극으로부터 주어지고 눈에 보이는 억지 에너지이다. 200이하의 수준은 개인이든 사회든 파괴적인 삶을 뜻한다.

힘의 중심 (centers)

일상생활에서 활력을 얻는 원천으로 인간은 세 가지 주요중심을 갖는다는 것이 에니어그램의 관점이며 이를 '힘의 중심'이라고 한다. 이는 머리, 심장, 장으로서 세 가지 성격유형의 뿌리가 된다. 사람들은 한 인간으로 성장해가는 과정에서 이 세 가지 중의 어느 하나에 사로잡히게 된다.

교육학사전(2009). 서울; 서울대학교 출판부.

구태원, 도흥찬 역(2003). 에니어그램의 이해: 성격을 알면 성공이 보인다. 서울: 중앙M&B.

김경섭, 김원석 역(1999). **성공하는 사람들의 7가지 습관.**(S. R. Covey, The seven habits of highly effective people). 서울: 김영사.

김경수(2007). 에니어그램과 교육과의 관계성 논의. **에니어그램연구**, 4(2). 9-24.

김교헌, 권선중, 이홍표 역(2005). **마음의 기원.** 서울: 나노미디어.

김명권 · 주혜명 역(2008). **깨달음의 심리학.** 서울: 학지사.

김상인 엮음(2000). 상담심리 용어사전. 서울: 생명의 샘가

김새한별(2005). 에니어그램과 유대신비주의. **에니어그램연구**, 2(2). 215-144

류도희(2004). 환청에 시달리는 정신분열증 환자 상담 사례연구. **에니어그램연구.** 1(1). 25-56.

리처드 니스벳(2004). 생각의 지도. 사울; 김영사.

박범석(2005). 교육과 종교의 관계에서 본 에니어그램. **에니어그램연구**, 2(2). 245-262.

박종영 역(2007). 에니어그램 성격의 리더십, 서울 ; 상상북스.

박현경(2007). 에니어그램과 진로지도. **에니어그램연구.** 4(2).

69-96.

______(2008). 에니어그램 코칭. **가족복지실천에서의 뉴 패러다임: 코칭접근.** 한국학술진흥재단지원 2008년도 춘계공동학술대회, 한국가족복지학회 · 한국부모교육학회 · 한국에니어그램학회.

______(2009). **한국인의 정서와 에니어그램.** 에니어그램연구 6(2). 105-132.

박현경 · 권오시(2012). **에니어그램과 정신건강.** 에니어그램연구 9(2). 189.

박현경 · 김은아(2011). **에니어그램 집단상담 프로그램이 보호관찰 청소년의 심리적 적응에 미치는 효과.** 에니어그램연구 8(2). 231-267.

방기연(2003). **상담 슈퍼 비전.** 서울:학지사.

배정웅 역(2005). 영적지도의 이론과 실천(The art of spiritual direction). 서울: 은성.

사야도 우 자니카 저, 김재성 옮김(2003). **위빠사나 수행.** 서울: 불광출판부.

서명석(2002). 교육의 대상으로서 인간-존재에 관한 초월적 입론. **교육학연구.** 40%5). 41-58.

서명석 · 이우진 역(2000). **동양의 인간과 세계: 물리에서 인리로.** 서울: 철학과현실사.

서영조 역(2009). 브레인 룰스: **의식의 등장에서 생각의 실현까지.** 서울:프로티어.

손정락 역(2001). **성격심리학. 서울: 교육과학사.**

손진희(2005). 에니어그램 유형의 타당화 연구: 6.2,1번 유형군을 중심으로. **에니어그램연구.** 2(1). 65-86

안석모 역(2009), 대상관계이론과 자기심리학, 시그마프레스.

양억관 역(2003). **물은 답을 알고 있다.** 서울: 서진인쇄.

여태철(1999). 성인학습의 전생애발달이론적 정당화, 서울대학교 대학원 박사학위논문.

웨인 오츠 저(2003). 신현복, 신선명 옮김. **침묵의 영성**. 서울: 아침.

윤가현(2006). 심리학의 이해. 서울; 학지사.

윤운성 (1996). 가정환경, 자기효능감, 학업성취간의 문화비교연구, **교육심리연구,** 1996, 10권 3호, pp.159-182.

____(1999a). 에니어그램 성격유형론 탐구. **교육연구. 제15집.** 공주대 교육연구소. 100-120.

____(1999b). 부모의 기대가 자녀의 자기효능감에 미치는 영향에 관한 연구. **교육심리연구. 제13권, 4호,** 247-268.

____(1999c). **자녀행동수정 4단계.** 서울: 양서원

____(2000a). 성인학습의 심리학적 접근. **교육심리연구.** 14(4). 88-102.

____(2000b). 에니어그램 성격검사의 고찰과 기업에의 활용. Andragory Today. Vol. 3, No. 3, 한국성인교육학회. 203-224.

____(2000c). 성인학습과 발달: 교육심리학적 시각. **교육심리연구. 제14권 4호.** 한국교육심리학회. 31-50.

____(2001a). **에니어그램 성격유형검사의 개발과 타당화.** 교육심리연구. 15(3). 131-161.

____(2001b). **교육의 심리적 이해.** 서울:양서원.

____(2001c). **한국형 에니어그램 성격유형검사.** 서울: 한국에니어그램교육연구소.

____(2002a). 에니어그램 훈련프로그램이 자아정체감과 생활만족도에 미치는 영향. **교육심리연구. 제 16권 2호.** 93-111.

____(2002b). 에**니어그램 정복: 자기발견을 통한 자기완성의 길잡이**(서울: 학지사)

____(2002c). **필수 에니어그램: 정확한 성격유형 검사로 자기발견 및 자기성숙에 이르는 가이드** (서울: 학지사)

____(2003a). 교육개혁과 동기. **교육심리연구,** 17(1), 109-132.

____(2003b). **에니어그램: 이해와 적용.** 서울: 학지사

____(2003c). **에니어그램 2: 내안에 접혀진 날개 후편**(서울: 열린)

_____(2003d). **한국형 리소-허드슨 에니어그램 성격검사.** 서울: 한국가이던스

_____(2003e). **한국형에니어그램 4단계 교재.** 서울: 한국에니어그램교육연구소.

_____(2003f). **에니어그램 지능: 효과적인 수업과 학습을 위한 성격의 이해**(공역, 교육과학사, 2003)

_____(2003g). **에니어그램 평가**: 통합으로 가는 여행. 아산:한국에니어그램교육연구소

_____(2004a). **한국형 에니어그램 해석과 활용.** 아산: 한국에니어그램교육연구소

_____(2004b). 에니어그램과 진로. **에니어그램연구,** 1(1). 9-32.

_____(2004c). 에니어그램의 분석적 고찰과 과제. 에니어그램연구, 1(2). 9-32.

_____(2004d). 한국형에니어그램 심화단계교재. 심층에니어그램 발달수준. 서울: 한국에니어그램교육연구소.

_____(2005a). **최강팀 만들기:팀워크 에니어그램.** 서울: 흐름출판

_____(2005b). 한국형에니어그램 성격유형 현황 분석. **에니어그램연구.** 2(2). 49.

_____(2007a). 에니어그램의 통합적 접근. **에니어그램연구.** 4(2). 11-28.

_____(2007b). **에니어그램평가: 통합으로 가는 여행.** 서울:한국에니어그램교육연구소.

_____(2008a). **성공하는 자녀양육을 위한 9가지 성격: 부모들을 위한 에니어그램 지침서.** 서울: 한국에니어그램교육연구소

_____(2008b). 에니어그램의 교육적 접근. **에니어그램연구.** 5(2). 09-40.

_____(2009). 에니어그램의 사회문화적 접근. **에니어그램연구.** 6(2). 09-42.

_____(2011). 에니어그램과 NLP의 관계. **에니어그램연구**, 8(2). 9-41.

_____ 역(2012a). **지금 이 순간을 자각하라.** 한국에니어그램교육연구소: 서울

_____ 역(2012b). **에니어그램 사회.** 한국에니어그램교육연구소: 서울

윤운성 역(1998). **성격을 알면 성공이 보인다: 9가지 성격의 발견.** 서울: 학지사.

윤운성 외 공역(2001). **에니어그램: 성공인의 성격관리.** 서울: 학지사.

윤운성 외 공역(2010). **에니어그램 성격유형.** 서울: 학지사.

윤운성 · 김은아 역(2012). **에니어그램과 12단계.** 한국에니어그

랩교육연구소: 서울
윤운성 · 김홍은(2001). **생활지도와 상담.** 서울: 양서원.
윤운성 · 이규복(2004). 한국형에니어그램 집단상담이 실업계 고등학교 학생들의 진로성숙에 미치는 효과. **교육심리연구.** 18(1). 23-43.
윤운성 · 조성란(2006). 에니어그램을 활용한 집단상담이 청소년의 대인관계와 학교생활적응에 미치는 효과. **에니어그램연구.** 3(2). 11-34.
윤운성 · 진재열 · 김새한별(2013). 한국형에니어그램성격하위유형검사 개발 및 타당화. **에니어그램연구.** 10(1). 37-59.
윤임중 역(1998). 의학이야기. 서울: 서해문집.
이근후 외(1995). **정신장애의 진단 및 통계편람 4판.** 서울:하나의학사
이순자(2003). 초월상담의 관점에서 본 구제프의 에니어그램 작업. **2003년 한국상담학회 연차학술대회,** 289-303.
이순자(2004), 구르지예프, 베어 및 리소의 에니어그램 비교, 창원대학교 대학원 박사학위논문.
이순자 역(2005). **영혼의 자유 에니어그램,** 슈리 크리슈나다스 아쉬람.
이종수 역(1997). **의식혁명.** 서울: 한문화.

이종인 역(2008). **문화의 패턴.** 서울: 연암서가.

이한영(2002). 종교적 상징으로서의 인격개념 연구:부버와 융을 중심으로. 감리교신학대 대학원 석사논문.

일지(1984). **구제프: 존재와 빛의 피안. 신사상.** 제 29권. 4-5월. p. 55-85.

정미숙(2009). 아유르베다 상담이론 연구. **상담학연구**, 10(3). 1727-1742.

정민 · 이숙자 · 장안나(2005). 에니어그램 성격유형과 방어기제와의 관계. **에니어그램연구.** 2(2). 51-72.

정인석(2001). **자기를 이기는 자가 자유롭다.** 서울: 학지사.

조애리, 강문순, 김진옥, 박종성, 유정화, 윤교찬, 최인환, 한애경 역(2004). **문화코드.** 서울:한울.

조혜정 역(2000). **SQ(영성지능).** 서울: 도서출판 룩스.

주혜명 역(2000). **에니어그램의 지혜.** 서울: 한문화.

주혜명 역(2003). **영혼의 잠재력 깨우기.** 서울: 다른 우리

지영호(2004). 에니어그램을 활용한 인간관계 향상 프로그램 개발. **에니어그램연구.** 2(1). 57-80.

진우기 역. 틱낫한지음(2003). **힘: 삶을 바꿀 수 있는 힘.** 서울: 명진출판

차재호, 나운영(1995). 세**계의 문화조직.** 서울: 학지사.

최수민 역. 틱낫한지음(2002). **화: 화가 풀리면 인생도 풀린다.**

서울:명진출판

한덕웅 외(2005). **사회심리학,** 학지사.

한덕웅 · 이경성(2003). 한국인의 인생관으로 본 가치관 변화: 30년간 비교. **한국심리학회지: 사회 및 성격, 17(1).** 49-67.

허문명 역, 틱낙한 지음(2003). **죽음도 없이 두려움도 없이.** 서울: 나무심는사람

허윤숙 역(2008). **순수의식.** 서울: 아시아코치센터.

황금중(2004). '마음교육론'의 학문적 성격과 전망. **교육학연구. 42(4).** 1-33.

황임란(2005). 상담과 성격유형: 개인상담에서의 에니어그램 적응에 대한 일 연구. **에니어그램연구. 2(1).** 25-44.

American Psychiatric Association. (1994). *DSM-IV (Diagnostic and Statistical Manual of Mental Disorder-4th edition).* Washington, DC : Author.

Almas, A. H. (2000)., *Facets of Unity, The Enneagram of Holy Ideas.* Berkeley, CA : .Diamond Books,

Becker, M(2000). Empirical studies of the Enneagram: Foundations and Comparisons. In Ebert, A., & Kustemacher, M.(2000). Experiencing the Enneagram. New York : NY : Crossroad Publishing Company.

Bergin, E., & Fitzgerald, E. (1998). *The Enneagram: Paths to wholeness.* Mystic, CT: Twenty Third Publications

Bronfenbrenner, U. (1977). Toward an experimental ecology of human development. *American Psychologist, 32,* 513-531.

Bruner, J. E. (1960). *The process of education.* New York: Vintage Books.

Callahan, W. J. (1992). T*he Enneagram for youth.* Chicago, IL: Loyala Press.

Daniels, E., & Price, V. (2000). *The essential enneagram.* New York, NY : HarperCollins.

Davision, G. C. & Neale, J. M.(1986). Abnormal Psychology: An Experimental-Clinical Approach, 4rd edition. John Wiley & Sons.

Dilts, R., DeLozier, J., & Smith, S. (2010). *NLP University Practitioner certification.* CA : NLP University. Dilts, Delozier, Smith: 2010

Ebert, A., & Kustemacher, M.(2000). *Experiencing the*

Enneagram. New York : NY : Crossroad Publishing Company.

Hjelle, L. A., & Ziegler, D. J.(1981). *Personality theories: Basic assumptions, research, and applications.* McGraw-Hill, Inc.

Horney, K. (1992). *Our inner conflicts.* W.W. Norton & Company, Inc.

Howe-Murphy, R. (2007). Deep coaching: *Using the Enneagram as a catalyst for profound change.* EI Granada, CA: Enneagram Press.

Jung, C. G. (1961). *Memories, dreams, reflection.* New York, IL: Hohm Press.

Keyes, M. F. (1992). *Emotions and The Enneagram:* Working through your shadow life script. Navato, CA: Molysdatur Publicaions.

Kretschmer, E. (1925). *Physique and character.* New York: Harcourt Brace.

Levine, J. (1999). *The Enneargram Intelligences :* Understanding personality for effective teaching and learning. West port, CT : Bergin & Garvey.

Mezirow, J.(1991). Transformative dimensions of adult learning.

San Francisco: Jossey-Bass.

Miller, J. P. (1996). *The holistic Curriculum.* Toronto Ontario: OISE Press.

Mischel, W. (1999). *Introduction to Personality.* Holt, Rinehart, & Winston.

Mischel, W., Shode, Y, & Smith, R. E. (2003). *Introdution to personality: Toward an integration(7th ed.).* New York: Wiley.

Mitchell, S. A., & Black, M. J. (1995). *Freud and Beyond.* New York, NY: Basic Books.

Naranjo, C. (1995). *Enneatypes in Psychotherapy.* Prescott, AZ: Hohm Press.

Naranjo, C. (1997). *Transformation through insight:* Enneatypes in life, literature and clinical practice. Prescott, AZ: Hohm Press.

Naranjo, C. (2001). *Character and Neurosis.* Nevada, CA: Gateways/Idhhb, Inc.

Naranjo, C. (2004). *The Enneagram of society: Healing the soul to heal the world.* Navada city, CA: Gateways Books and Tapes.

Palmer, H. & Brown, P. B. (1995). *The Enneargram in love and work: Understanding your intimate and business relations.* New York, NJ: Harper Collins

Palmer, H. & Brown, P. B. (1998). *The Enneagram advantage: Putting the 9 personality types to work in the office.* New York: Harnony books, Inc.

Riso, D. R.(1990; 2000). *Understanding the Enneagram:* The Practical guide to personality types. New York: Houghton Mifflin Company.

.(1992;1995). *Discovering your personality type:* The New enneagram questionnaire. New York: Houghton Mifflin Company.

.(1993). *Enneagram transformations.* New York: Houghton Mifflin Company.

.(1996). *Personality types.* New York: Houghton Mifflin Company.

Riso, D. R., & Hudson, R. (1999). *The wisdom of the Enneagram.* New York : Bantam Books.

Riso & Hudson(1999); 주혜명 역(2000), 에니어그램의 지혜, 한문화.

Sternberg, R. J.(1985). *Beyond IQ: A Triarchic framework for intelligence.* New York: Cambridge University

Press.

Sternberg, R. J.(1996). *Successful intelligence.* New York: Simon & Schuster.

Sternberg. R. (1988). *The triarchic mind: A new theory of human intelligence.* New York: Viking Penguin Inc.

Tad Dunne(1999). Enneatypes: Methods & Spirit: Our Nine Basic Compulsions, Universal Publishers.

Esposito, R.(2008). http://www.goconscious.com/home/articles/building_awareness_with_the_enneagram.html

Esposito, R. (2009). http://www.goconscious.com/home/articles/the_hold_ideas.html

ㄱ

ㄴ

ㄷ

ㄹ

ㅁ

ㅂ

ㅅ

ㅇ

ㅈ

ㅊ

ㅍ

ㅎ

윤운성

미국 멤피스대학교(U. of Memphis) 대학원 교육심리학과 교육심리상담전공(교육학박사)
현) 한국에니어그램교육연구소장 / 한국에니어그램학회장
현) 선문대학교 상담산업심리학과 교수

박현경

숙명여자대학교 대학원 교육학과 생활지도및상담전공(교육학박사)
현) 한국상담심리학회 상담심리전문가 1급 · 부부및가족치료전문가1급
현) 한국에니어그램교육연구소 대외협력국장 / 상담실장
현) 선문대학교 상담산업심리학과 겸임교수

문형철

원광대학교 한의과대학 침구학 전공(한의학 석사, 침구과 전문)
현) 한국에니어그램학회 상임이사
현) 원광대학교 임상교수 / 현) 첨단한방병원장

손진희

서울대학교 대학원 교육학과 교육상담전공(교육학 박사)
현) 한국상담심리학회 상담심리사 1급, 한국상담학회 수련감독자
현) 선문대학교 상담산업심리학과 부교수

윤천성

국민대학교 대학원 경영학과 조직심리 리더십전공(경영학박사)
현) 한국에니어그램교육연구소 사무국장 / 한국에니어그램학회 기획운영위원장
현) 서울벤처대학원대학교 융합산업학과 교수 / 교학처장

조주영

충북대학교 대학원 아동복지학과 아동가족상담전공(문학박사)
현) 한국에니어그램교육연구소 연구개발국장 / 한국에니어그램학회 부회장
현) 백석대학교 사회복지학부 교수

지미선

고려대학교 교육대학원 대학(원) 기업교육 전공
현) 한국에니어그램교육연구소 전임교수 / 한국에니어그램학회 감사
현) 에니어리더연구소 원장
현) 한국코칭학회 상임이사

진재열

충남대학교 대학원 교육심리학 · 교육과정학전공(교육학박사)
현) 우송대학교 교양교육원 연구교수 / 글로벌리더십센터 연구위원

홍상욱

일본 오오사까 시립대학 학술박사(생활복지학 전공)
현) 영남대학교 가족주거학과 교수
현) 한국에니어그램학회 부회장

황은신

이화여자대학교 독어독문학과
현) 한국에니어그램교육연구소 전임교수 / 한국에니어그램학회 이사

황임란

한국교원대학교 대학원 교육학과 교육심리 및 상담 전공(교육학 박사)
현) 한국초월영성상담학회 부회장 / 한국에니어그램학회 윤리위원장
현) 한남대학교 상담교육전공 겸임교수

한국에니어그램교육연구소 교육과정

단 계	단계명칭	교육목표 / 교육내용	시 간	부여자격
1단계	에니어그램 이해 '나를 찾아 떠나는 여행'	• 한국형에니어그램 검사 • 에니어그램 성격이론 및 구조 • 유형별 특징·날개·분열 및 통합 개관	10시간 (매월)	한국형에니어그램 (검사지 사용 자격)
2단계	에니어그램 탐구 '나의 길을 따라가는 여행'	• 9 유형 세부적 특징 • 날개, 분열, 통합, 성장 • 자아의식과 행동방식(공격, 순응, 후퇴)	10시간 (매월)	
3단계	에니어그램 적용 '너와 내가 함께하는 여행'	• 하위유형(본능동기) • 유형별 유사점 및 차이점, 성장전략 • 에니어그램과 인간관계 (아동/청소년, 조직, 리더십)	10시간 (매월)	한국형에니어그램 일반강사 자격 (별도의 검사지 교육필수)
4단계	에니어그램 평가 '통합으로 가는 여행'	• 관련이론과의 비교 및 포괄성 (성격유형론, 프로이트, 신프로이트, 융, TA, DSM-IV) • 의식수준 / 양육과 발달적 접근 • 에니어그램분석 / 윤운성 연구결과 • 비디오상영	16시간 (년 4회)	
심화 단계	심층 에니어그램 의식수준 '여기 그리고 지금'	• 본질적 접근 • 자아집착 • 부모의 양육과 아동의 초기경험 • 유형별 심층적 분석 • 유형별 체험을 통한 진정한 자아발견 • 패널의 경험 모두 나누기 • 유형별 노래명상 • 여기 그리고 지금	32시간 (년 2회)	4단계 이수자 전문강사 자격취득 필수과정
5단계	에니어그램 supervision '가르치며 배우는 여행'	• 에니어그램 supervision • 전문강사 지도자 훈련(PANEL 교육) • 자기관찰 훈련 • 방어기제 체험 • 영적 성장을 위한 체험	32시간 (년 1회)	한국형에니어그램 전문강사 자격 (전문강사 훈련 필수)

한국에니어그램교육연구소 단계별 교재 및 참고서적

단계	단계명칭	참고서적	저자
1단계	에니어그램 이해	- 성격을 알면 성공이 보인다.(역, 학지사, 1998)	윤운성
		- 에니어그램의 이해와 적용(공저, 학지사, 2002)	
		- 한국형에니어그램 성격검사 [성인용(KEPTI) / 청소년용(KEPTI-J)]	
		- 한국형에니어그램 해석과 활용(2004)	
		- 에니어그램으로 본 다문화세상(공저, 양서원,2011)	윤운성 외
		- 한국형에니어그램 용어사전(한국에니어그램교육연구소,2012)	윤운성 외
2단계	에니어그램 탐구	- 에니어그램 정복 : 자기발견을 통한 자기완성의 길잡이(역, 학지사, 2002)	윤운성
		- 성공적인 자녀양육을 위한 9가지 성격(한국에니어그램교육연구소, 2008)	윤운성
		- 한국형에니어그램 용어사전(한국에니어그램교육연구소, 2012)	윤운성 외
		- 에니어그램과 12단계-강박의 극복 : 삶을 위한 영적 도구 (공역, 한국에니어그램교육연구소, 2012)	윤운성 외
3단계	에니어그램 적용	- 에니어그램 : 성공하는 사람의 성격관리(공역, 학지사, 2001)	윤운성 외
		- 에니어그램과 인간관계(한국에니어그램교육연구소, 2003)	윤운성
		- 최강팀 만들기 : 팀워크 에니어그램 (공역, 흐름출판, 2005)	윤운성 외
		- 에니어그램으로 본 다문화세상 (공저, 양서원,2011)	윤운성 외
		- 한국형에니어그램 사례집 (한국에니어그램교육연구소, 2012)	윤운성
		- 한국형에니어그램 용어사전 (한국에니어그램교육연구소, 2012)	윤운성
		- 에니어그램 사회 (역, 한국에니어그램교육연구소, 2012)	윤운성 외
		- 에니어그램 직업 및 학과사전 (한국에니어그램교육연구소, 2013)	윤운성
		- 에니어그램 실제 가이드 (한국에니어그램교육연구소, 2013)	윤운성
4단계	에니어그램 평가	- 필수 에니어그램 : 정확한 성격유형검사로 자기발견 및 자기성숙에 이르는 가이드 (역, 학지사, 2002)	윤운성 외
		- 한국형에니어그램 용어사전 (한국에니어그램교육연구소,2012)	윤운성
		- 에니어그램 사회(역, 한국에니어그램교육연구소, 2012)	윤운성 외
		- 에니어그램 성격유형(공역, 학지사, 2009)	윤운성 외
		- 에니어그램 명상 - 성장과 치유를 위한 학습힐링(한국에니어그램교육연구소, 2013)	윤운성
심화 단계	심층 에니어그램 분석	- 에니어그램의 이해와 적용 (공저, 학지사, 2002)	윤운성 외
		- 에니어그램 성격유형 (공역, 학지사, 2009)	윤운성 외
		- 성공적인 자녀양육을 위한 9가지 성격 (한국에니어그램교육연구소, 2008)	윤운성
		- 한국형에니어그램 용어사전 (한국에니어그램교육연구소, 2012)	윤운성
		- 에니어그램 사회 (역, 한국에니어그램교육연구소, 2012)	윤운성 외
		- 지금 이 순간을 자각하라 (역, 한국에니어그램교육연구소, 2012)	윤운성 외
		- 에니어그램과 12단계(한국에니어그램교육연구소, 2012)	윤운성
		- 한국형에니어그램 1단계 교안(한국에니어그램교육연구소, 2012)	윤운성
		- 에니어그램 명상 - 성장과 치유를 위한 학습힐링(한국에니어그램교육연구소, 2013)	
5단계	에니어그램 Supervision	- 에니어그램 2 : 내안에 접혀진 날개 후편 (역, 열린,2003)	윤운성 외
		- 에니어그램 지능 : 효과적인 수업과 학습을 위한 성격의 이해 (공역, 교육과학사, 2003)	윤운성 외
		- 에니어그램 성격유형(공역, 학지사, 2009)	윤운성 외
		- 한국형에니어그램 용어사전 (한국에니어그램교육연구소,2012)	윤운성
		- 에니어그램과 12단계-강박의 극복: 삶을 위한 영적 도구 (공역, 한국에니어그램교육연구소, 2012)	윤운성 외
		- 에니어그램 사회(역, 한국에니어그램교육연구소, 2012)	윤운성외
		- 한국형에니어그램 사례집(한국에니어그램교육연구소, 2012)	윤운성
		- 한국형에니어그램 2단계 교안(한국에니어그램교육연구소, 2012)	윤운성
		- 에니어그램 실제가이드(한국에니어그램교육연구소, 2013)	윤운성
		- 에니어그램 명상 - 성장과 치유를 위한 학습힐링(한국에니어그램교육연구소, 2013)	

청소년리더십진로교육센터

www.leadershipcareer.kr

청소년리더십진로교육센터는 자기발견, 자기이해, 자기변형의 강력한 도구인 한국형에니어그램을 기반으로 학생들의 글로벌 리더십과 주도적인 진로설계 능력을 배양함은 물론 선생님과 학부모님에게도 학생과 자녀의 특성을 이해하며 훌륭한 리더로 성장하도록 돕는 다양한 프로그램을 제공합니다.

비전과 사명

청소년들이 올바른 가치관을 확립하고 명확한 목표설정으로 미래의 주인공으로 성장하도록 안내한다.

교육프로그램

청소년리더십과정

머리, 가슴, 장의 균형을 갖춘 리더를 양성하여 자신의 삶에 있어서 주인공으로 성장할 수 있도록 돕고, 자신의 관점으로만 세상을 바라보는 것이 아니라 타인을 인정하고 포용하며 실천력을 갖춘 전인적인 리더를 만들기 위한 지도자를 위한 과정이다.

자기주도학습과정

청소년들에게 주도적으로 동기 유발되는 가정사회문화적인 환경을 만들어주고, 자신의 기본성격유형을 통한 자기이해 및 자기 발견 안에서 자기주도학습준비도와 자기주도학습과정을 통해 에니어그램통합과정으로써 자기주도학습능력과 의식성장을 도모하고, 궁극적으로 자기실현을 돕는 지도자 양성을 목표로 하는 과정이다.

청소년진로과정

건강한 자기이해를 바탕으로 생애진로발달의 관점에서 자신의 진로에 대해 전체적인 조망을 할 수 있도록 구성 되어져 있다. 청소년진로지도자과정은 에니어그램을 통해 자신의 성격과 가치관 흥미 적성에 맞는 직업을 탐색한 후 진로를 위해 의사결정능력을 함양하는 최종적으로 진로를 계획하는데 도움을 주는 과정이다.

가족상담과정

가족들이 생활을 하는데 여러 가지로 발생 할 수 있는 가족의 문제와 위기들을 에니어그램의 지혜를 이용하여 이 위기가 발생하지 않도록 또는 최소화할 수 있도록 미리 예방하도록 해주는 일을 하며 또한 이미 발생한 문제들을 잘 파악을 해서 원만하게 해결을 하여서 행복한 가정을 만들 수 있도록 도움을 주는 과정이다.

한국형에니어그램성격유형검사-청소년용(KEPTI-J)

한국형에니어그램성격유형검사-청소년용(KEPTI-J)는 9가지의 성격유형에 대해 81문항으로 구성된 전국 표준화 검사이다. 본 검사의 Cronbach-α는 .879, 재검사 신뢰도는 .830으로 매우 양호한 검사이다.

- 에니어그램을 통해 나를 찾고, 상대방에 대한 이해의 폭확대
- 자신에게 맞는 리더십 스타일에 대한 이해 및 삶 속에서 행복한 리더로 성장하도록 견인차 역할 수행
- 본인의 성격유형에 맞는 적합한 진로방향을 제시하여 자발적인 진로설계를 하도록 안내
- 본인의 스타일에 맞는 학습법을 제시하여 자기주도적인 학습능력과 자신감 고취

※본 검사는 지필검사, 온라인 및 OMR단체 검사 가능합니다.

청소년리더십진로교육센터

Junior Leadership Career Education Center

TEL: 02-3446-3165 www.leadershipcareer.kr help@kenneagram.com

■

한국형에니어그램 용어사전

■

인쇄 / 2014년 3월 30일 1판 1쇄
발행 / 2014년 4월 10일 1판 1쇄
저자 / 윤운성 외
발행인 / 윤운성
펴낸 곳 / 한국에니어그램교육연구소

■

출판등록 / 2008년 1월 28일 제 2010-12호
서울시 금천구 가산동 60-19 SJ테크노빌 1116호
TEL / 02)3446-3165
FAX / (02)515-6784
E-mail / jlcec@kenneagram.com

Homepage / www.leadershipcareer.kr

■

ISBN : 979-11-85115-01-6

■

값/ 18,000원

■

파본은 교환해 드립니다

■